Antropologia Urbana

Gilberto Velho
(org.)

Antropologia Urbana

Cultura e sociedade no Brasil e em Portugal

ZAHAR

Jorge Zahar Editor Ltda.
rua Marquês de S. Vicente 99 – 1º
22451-041 Rio de Janeiro, RJ
tel (21) 2529-4750 | fax (21) 2529-4787
editora@zahar.com.br
www.zahar.com.br

Capa: Carol Sá e Sérgio Campante
Composição: Textos & Formas

3ª reimpressão: 2012

CIP Brasil. Catalogação-na-fonte
Sindicato Nacional dos Editores de Livros, RJ

A641 Antropologia urbana: cultura e sociedade no Brasil e em Portugal/Gilberto Velho (org.). — Rio de Janeiro: Zahar, 1999.
(Antropologia social)

ISBN 978-85-7110-525-6

1. Antropologia social. 2. Antropologia urbana. 3. Psicologia social. I. Velho, Gilberto. II. Título: Cultura e sociedade no Brasil e em Portugal. III. Série.

CDD: 306
99-1301 CDU: 316.7

Sumário

Sumário

Apresentação*

Este livro reúne trabalhos de cientistas sociais brasileiros e portugueses sobre o Rio de Janeiro e Lisboa. Em alguns casos, as investigações envolvem referências a outros centros urbanos. Em todos existe a preocupação de, a partir de estudos e reflexões sobre localidades e/ou situações particulares, levantar problemas e hipóteses de alcance mais amplo. Esta área de conhecimento apresenta, sem dúvida, forte dimensão interdisciplinar.

A construção da antropologia urbana em geral, e em particular neste livro, envolve um vasto e diversificado espaço de diálogo com diferentes disciplinas e tradições que lidam com cultura e sociedade. Assim é que os artigos aqui apresentados têm direta ou indiretamente relação com a história, a ciência política, a sociologia da arte, o urbanismo, o serviço social, a psicologia, a geografia etc.

À exceção de António Firmino da Costa, professor do Departamento de Sociologia do Instituto Superior das Ciências do Trabalho e da Empresa (ISCTE) de Lisboa, os demais autores apresentam-se como antropólogos em termos de sua identidade profissional principal. Todos se aproximam através de uma orientação predominantemente qualitativa, com valorização de estudos de caso, entrevistas, histórias de vida e análise de textos. Registre-se a marca de uma tradição que não dissocia etnografia de teoria, mas percebe-as como integradas. Os interesses e preocupações dos autores são variados e diversificados, embora apresentem referências e experiências comuns.

---

* Agradeço o apoio do Conselho Nacional de Desenvolvimento Científico e Tecnológico (CNPq), da Financiadora de Estudos e Projetos (Finep) e, mais recentemente, da Fundação de Amparo à Pesquisa do Rio de Janeiro (Faperj) ao desenvolvimento de meus trabalhos. Além, é claro, da Universidade Federal do Rio de Janeiro (UFRJ), em particular, do Programa de Pós-Graduação em Antropologia Social (PPGAS) do Museu Nacional. Registro, mais uma vez, a gratidão pela colaboração e solidariedade de minha assistente e amiga Karina Kuschnir.

Os brasileiros estudaram no Programa de Pós-Graduação em Antropologia Social (PPGAS) do Museu Nacional da Universidade Federal do Rio de Janeiro. Com a minha exceção, pois fiz o doutoramento na Universidade de São Paulo, depois do mestrado no Museu Nacional, todos obtiveram tanto o título de mestre como o de doutor nessa instituição. Tive o privilégio de orientá-los na minha condição de professor do PPGAS desde 1972. São hoje ex-alunos, colegas e amigos aqui reunidos comigo num empreendimento comum com nossos colegas de Portugal.

Nos últimos anos tenho tido a oportunidade de trabalhar e conviver com um grupo de cientistas sociais portugueses. Quatro deles estão presentes neste livro. Fui professor visitante no ISCTE em 1996 e desde então intensificaram-se os contatos e o intercâmbio. Temos procurado, brasileiros e portugueses, fortalecer e diversificar nossas atividades a partir de afinidades intelectuais e afetivas. Hoje existe um convênio que formaliza as relações entre o ISCTE e a Universidade Federal do Rio de Janeiro, através do PPGAS do Museu Nacional. O professor João Ferreira de Almeida, presidente do ISCTE, tem, do lado luso, desempenhado um papel fundamental nesse processo, com Joaquim Pais de Brito, diretor do Museu Nacional de Etnologia de Lisboa, e também do ISCTE, e seus colegas Graça Índias Cordeiro, Miguel Vale de Almeida, Robert Rowland e João Leal. Outros antropólogos como Cristiana Bastos e João de Pina Cabral do Instituto de Ciências Sociais (ICS) da Universidade de Lisboa, no meu caso pessoal e do PPGAS, são preciosos interlocutores e aliados nessa busca de desenvolvimento e ampliação de fronteiras institucionais e disciplinares. Tenho particular satisfação de incluir neste livro o texto de Teresa Fradique, que foi minha aluna em 1996 no ISCTE e de cuja banca (júri) de mestrado participei em 1999. António Firmino da Costa, sociólogo que integra, com elegância e desenvoltura, diferentes tradições das ciências sociais, reforça, significativamente, este esforço de aproximação luso-brasileira.

As nossas afinidades, nesse caso, residem no interesse compartilhado por uma *antropologia urbana*. Este nome nem sempre expressa bem o sentido do nosso trabalho, sobretudo quando associa-se a um risco de reificação do *urbano*, isolando-o de seus contextos sócio-históricos e culturais. Por outro lado, não parece satisfatório limitarmo-nos a afirmar que *antropologia urbana* é a pesquisa que os antropólogos fazem nas cidades. Embora isso seja verdade, é essencial salientar que existe uma questão antropológica de análise e reflexão sobre a especificidade da vida urbana, particularmente na metrópole. É sintomática a presença de Simmel e Park, sobretudo o primeiro, em vários dos artigos aqui apresentados. Os seus textos têm sido preciosos para os antropólogos, com suas percepções sobre os tipos de individualismo e a natureza das interações na sociedade moderno-contemporânea. Embora de dimensões distintas, tanto o Rio de Janeiro quanto Lisboa apresentam-se como *laboratórios para a investigação social* por sua heterogeneidade e complexidade socioculturais.

A questão das localidades, das regiões morais, das áreas naturais, dos bairros e dos mapas sociais da cidade, com suas particularidades e seus sistemas de relações, constitui um dos principais objetos dos artigos que se seguem. A organização social, as sociabilidades, níveis de cultura e suas relações, a problemática das gerações e dos grupos de idade, a vida política e os modos de construção social da realidade são outros temas que aqui aparecem. As especificidades da vida metropolitana, a questão dos sentidos e sua relação com racionalidades, as representações e dinâmica de gêneros, formas de lazer, identidades, desvio e a complexa temática da cidadania política e cultural aparecem, por sua vez, como assuntos dos trabalhos apresentados.

Hoje, os cientistas sociais brasileiros e portugueses — no caso, particularmente, os antropólogos — participam de uma rede internacional. Há, nos últimos anos, como já foi observado, crescente integração entre indivíduos e instituições de antropologia dos dois países. Assim, não é surpreendente encontrar preocupações e bibliografias, em parte, comuns. Há óbvias diferenças de estilo e ênfase que só aumentam o interesse pelo conhecimento mútuo e pela troca intelectual.* Os brasileiros falam diretamente do Brasil e os portugueses de Portugal, exceto Hermano Vianna, que vai a Fernando Pessoa para buscar sua antropologia da cidade, numa aproximação com o pensamento de Georg Simmel. É mais uma reflexão sobre Lisboa, desta vez de um antropólogo brasileiro através do grande poeta luso. Assim como nesse caso, seja em relação ao Rio ou a Lisboa, com suas múltiplas facetas, estaremos trazendo e discutindo questões que, de algum modo, contri-

---

* Saliente-se que foram mantidas as grafias originais nos textos brasileiros e portugueses.

buem para uma reflexão mais geral sobre o fenômeno urbano contemporâneo, sem reificá-lo e percebendo-o com suas dimensões históricas e culturais. Rio e Lisboa, mas também Bombaim, Amsterdã, Los Angeles, Buenos Aires etc., devem ser compreendidas a partir de seus quadros sócio-históricos particulares, sem deixarem de ser vistas, no entanto, também como expressão, produtos e produtoras de processos mais amplos de dimensão internacional.

Finalmente, cabe agradecer o interesse e o esforço dos colaboradores que viabilizaram este livro. A sua realização é mais um fruto da cooperação luso-brasileira na área das ciências sociais. Esperamos que eles se multipliquem e tenham sempre mais e melhores desdobramentos.

Gilberto Velho
Quinta da Boa Vista, julho de 1999

Os mundos de Copacabana

Gilberto Velho

A história oficial de Copacabana é de pouco mais de um século, tendo como marco a inauguração, em 1892, do túnel hoje conhecido como *Velho*, ligando-a a Botafogo nos albores da República. Anteriormente, sua ocupação era rarefeita, com população de pescadores, algumas chácaras, casario esparso, uns poucos caminhos e ruas precárias. Seu desenvolvimento foi, no entanto, rápido com a expansão da capital republicana. Novas ruas, obras públicas, ampliação das linhas de bonde estimularam o crescimento demográfico com a multiplicação de áreas residenciais e de estabelecimentos comerciais. Já na década de 20, é um bairro importante da cidade, tendo os Fortes Copacabana e do Leme (atual Duque de Caxias) como marcos limites da praia e o recém-inaugurado Copacabana Palace como símbolo de afluência, prestígio internacional e de promissor turismo.

Sem jamais ser uma área exclusiva da elite, Copacabana é identificada com um estilo de vida mais *sofisticado* e *moderno*. Até os anos 40, predominam as casas, chácaras e algumas verdadeiras mansões, com amplos terrenos, mas seus habitantes são de variadas origens, com forte presença de estrangeiros, sobretudo europeus. Não se trata, portanto, de uma aristocracia de *casa-grande* ou mesmo de uma burguesia de *sobrado*, nos termos de Gilberto Freyre. A crescente valorização da praia, por razões de saúde e sociabilidade, também contribuiu para a constituição de um estilo copacabanense mais esportivo e, progressivamente, mais informal diante dos padrões tradicionais da sociedade patriarcal ainda fortemente presentes na sociedade brasileira das primeiras décadas do século XX. Os copacabanenses desse período são indivíduos, em geral, situados nos níveis superiores de um universo de camadas médias em confluência com as elites. Já há mais espaço para a afirmação desses setores médios de profissionais liberais — médicos, advogados, funcionários públicos — misturados com comerciantes e empresários nacionais e estrangeiros. Para ali também se deslocam membros da elite política ligados ao aparelho de Estado e aos poderes da República, reforçando, por sua diversidade de origem regional, a heterogeneidade do bairro (Franco, 1979). Encontram-se, por outro lado, pessoas de camadas mais modestas, como pescadores e suas famílias, habitantes mais tradicionais, os empregados domésticos a serviço das casas e mansões e os trabalhadores profissionais voltados para o seu atendimento. Sem dúvida, concomitantemente ao desenvolvimento de valores individualistas, persistem laços e formas de relacionamento entre categorias sociais distintas, continuadoras do sistema tradicional hierárquico, com expectativas e definições de reciprocidade, serviços e trocas.

O panorama de Copacabana passa a se alterar de modo mais flagrante no final dos anos 30 e, sobretudo, a partir da Segunda Grande Guerra com o *edifício de apartamentos*. Este tipo de construção foi se multiplicando no século XIX pelas grandes cidades européias e norte-americanas, particularmente após o advento do elevador e sua tecnologia. Nos Estados Unidos, cidades como Nova York e Chicago, já no início do século XX, apresentam um grande número de prédios altos — os *skyscrapers* (arranha-céus) — com finalidades comerciais e residenciais. Copacabana foi o bairro residencial do Rio e do Brasil que primeiro apresentou o edifício de apartamentos como tipo de habitação predominante. Já na década de 20, diversos edifícios foram erguidos ao lado do casario mencionado. Mas foi o surto imobiliário, ocorrido no Rio de Janeiro a partir dos anos 40, que alterou drasticamente o panorama local. Copacabana passou a ser um bairro de prédios, com o quase total desaparecimento de outros tipos de habitação. Já em 1969, 98,8% das moradias eram apartamentos (Velho, 1973:24). Hoje, encontram-se pouquíssimos sobreviventes daquela fase anterior de sua ocupação. Ora, os prédios e, especificamente, o edifício de apartamentos, estão associados a valores e estilos de vida marcados por fortes dimensões individualistas (Simmel, 1971). A unidade doméstica tende a ser cada vez mais a família nuclear-conjugal, embora esse processo não seja linear e isento de contradições. Como mostrei em trabalhos anteriores, os laços de parentesco, longe de desaparecem, estiveram muito presentes no povoamento e ocupação do bairro (Velho, 1973 e 1981). Novas formas de sociabilidade, solidárias a trajetórias sociais mais tipicamente individualistas vão se desenvolvendo. A própria decisão de mudar para Copacabana foi por mim analisada como uma significativa expressão de aspirações de ascensão e de diferenciação social (Velho, 1973). Mostrei também como a relação com o lugar de onde saíram (bairro, cidade etc.) e com as famílias de origem poderia ser tensa, contraditória e ambígua, contaminando qualquer idéia de linearidade de trajetória (Velho, 1981, especialmente cap. 2).

As primeiras levas de prédios, a partir dos anos 20, são de quatro a oito andares, sendo amplos os apartamentos residenciais, muitas vezes com medidas comparáveis a casas, apresentando áreas de 200, 300 e até 600 ou mais metros quadrados. São habitações para famílias grandes com empregados residentes. Encontram-se até hoje construções desse tipo na avenida Atlântica e também espalhadas pelo bairro todo. Os postos 2 e 3, seu núcleo principal na época, apresentam ainda preciosos exemplares *art-déco* nas proximidades do Copacabana Palace e da praça do Lido, assim como outras construções mais antigas.[1]

A indústria de construção civil associa-se à nova imagem do bairro e promove grandes campanhas de lançamentos imobiliários, mantendo durante mais de 25 anos um intenso ritmo de obras. O período que vai do término da Segunda Grande Guerra até o final dos anos 60 é de grande crescimento demográfico, acompanhando o desenvolvimento físico-espacial. Sua população salta de meros 18 mil em 1920 para mais de 160 mil em 1960, chegando perto de 250 mil em 1970 (Velho, 1973:21). No governo Juscelino Kubitschek (1956-61), período de acelerado crescimento e desenvolvimento econômico nacionais, aparecem, em maior número, prédios com pequenas unidades habitacionais. São apartamentos de sala e quarto separados ou conjugados com áreas variando entre cerca de 30 e 60 metros quadrados. Assim, temos um novo perfil de edifício de apartamentos, com muitas dezenas e mesmo mais de uma centena de residências, contrastando de modo vigoroso com a antiga ocupação de casas e mesmo de prédios com seis, oito ou dez unidades. Aumentam, progressivamente, a altura e o número de apartamentos nas construções. Em 1970, a densidade demográfica andava perto de 50 mil habitantes por km^2, em função desse tipo de crescimento.

> É a partir de 1940 que se dá a grande expansão vertical do bairro. Copacabana foi se transformando aceleradamente com a intensificação da construção de edifícios e a demolição de casas. Terrenos comprados

> a preços irrisórios são aproveitados para a construção de edifícios, permitindo lucros fantásticos às companhias construtoras. A falta ou precariedade de uma regulamentação, as deficiências de um código de obras, a força de grandes interesses garantem um crescimento desordenado para o bairro. As possibilidades de lucros são tão tentadoras que aventureiros formam companhias e começam a construir prédios que muitas vezes terão suas obras paralisadas, levando às vezes, mais de dez anos para serem construídos. Sobrevivem as grandes companhias, com mais capital, mais racionalizadas ou com melhores contatos. Mais caracteristicamente, a partir de 1950 começam a proliferar os gigantescos edifícios com apartamentos mínimos, permitindo maiores lucros ainda às construtoras e acelerando enormemente o crescimento demográfico do bairro. Muitas pessoas terão enormes prejuízos tentando comprar apartamentos em Copacabana. As obras infindáveis carreavam mais e mais recursos até que, freqüentemente, a pessoa era obrigada a desistir do apartamento, revendendo-o com prejuízo. Até alguns anos atrás, antes do Banco Nacional da Habitação, era muito comum encontrar no bairro os esqueletos de edifícios interrompidos pela metade. Houve quem conseguisse comprar através de financiamentos da Caixa Econômica, Clube Militar etc. O fato é que isto era uma possibilidade restrita a certos grupos que tinham como obter financiamentos. Apesar deste quadro, milhares de pessoas se arriscaram a comprar e outras se dispuseram a alugar mais caro do que em outros bairros. (Velho, 1973:23-24)

Portanto, no início dos anos 60, quase já não havia casas para demolir. Houve, então, um novo movimento, o de derrubar prédios menores, mais antigos, para no seu lugar erguer construções de grande vulto. Outra tendência foi a proliferação de prédios comerciais ou mistos, com lojas nos primeiros andares e residências nos outros. O caráter predominantemente residencial vai se alterando e afeta o panorama e a rotina do bairro. Por isso mesmo, aumenta consideravelmente a sua população flutuante e diminuem os moradores permanentes. Ao lado de turistas que ficam nos hotéis ou alugam apartamentos por temporada, apresenta-se uma considerável quantidade de pessoas que freqüenta o bairro durante o dia em função do comércio e serviços, seja como consumidores e usuários, seja como funcionários de lojas, bancos, repartições etc. À noite, os restaurantes, bares, casas noturnas em geral, atraem outros tipos de fregueses. A população permanente do bairro parou de crescer e passou rapidamente a diminuir. De acordo com os censos, a população desce de cerca de 250 mil habitantes em 1970 para 214 mil em 1980 e 170 mil em 1991, com projeção de 160 mil para 2000.

Hoje, o quadro sociocultural de Copacabana é bastante complexo e diversificado em função de variáveis que atuaram ao longo de sua história e de outras mais recentes. O bairro tem uma imagem muito marcante, com repercussão nacional e internacional. Livros, músicas, filmes, fotografias são algumas das formas de expressão que registram, comentam e elaboram todo um conjunto de símbolos a ele associados.[2] Copacabana apresenta, portanto, uma dimensão cosmopolita. Desde a sua formação, há forte presença estrangeira. A sua condição de bairro emblemático do Rio, capital do país até 1960, atrai visitantes e novos moradores oriundos de todo o Brasil e do exterior. Durante décadas, não tem concorrentes quanto à fama. Só a partir dos anos 60, Ipanema passa a disputar a primazia, embalada, por sua vez, por manifestações artísticas, produção cultural e novos tipos de marketing.

Copacabana incorporou não só pessoas de origem nacional e regional diversificada mas, progressivamente, de diferentes origens, estratos e trajetórias sociais. Além das elites e camadas médias superiores já mencionadas, o bairro atrairá, a partir do grande *boom* imobiliário do pós-guerra, setores de camadas médias ascendentes, provindos de outros bairros, com forte presença da Zona Norte e mesmo dos subúrbios do Rio. A cidade como um todo, mas Copacabana em particular, em função de sua riqueza e prestígio político-cultural, atrairá pessoas de camadas médias de outros estados, que vinham para trabalhar nos setores público e privado. Há muitos funcionários públicos ligados à administração federal, entre aqueles que, especificamente, entre 1940 e 1960, decidem ali estabelecer-se. Nesse período, a sociedade brasileira cresce, diferencia-se e complexifica-se em termos ocupacionais de atividades e de estilos de vida, sendo Copacabana o *locus* mais evidente dessas transformações. O bairro torna-se um dos maiores centros de consumo do país, atraindo as melhores e mais variadas lojas. Modas surgem e desaparecem a partir de suas fronteiras. Artistas e intelectuais freqüentam suas livrarias, cinemas, teatros e bares, comparecem a exposições e promovem debates e reuniões. A juventude copacabanense faz da praia um espaço de sociabilidade inédito, lugar de esportes, culto à beleza física e às relações sexuais e amorosas. O turismo interno e internacional estimula o setor hoteleiro, os serviços e a vida noturna. Isto implica, também, no desenvolvimento e mesmo aparecimento de atividades semi-legais, mais ou menos escusas e nem tão subterrâneas como os vários tipos de prostituição e jogo, acompanhadas de transgressões à moral e às convenções associadas à sociedade tradicional, chegando inclusive à criminalidade. Copacabana notabilizou-se não só por suas *garotas de programa*, mas também pelos seus *travestis* e diversas formas de atender orientações sexuais diferenciadas. Certamente, o bairro ocupa um lugar de destaque no mapa *gay* internacional.[3] A organização dessas atividades produz complexas redes sociais que atravessam vários tipos de fronteira. Cria-se um *mundo social* específico, com regras e lógica próprias, que depende de e produz *mediadores* entre o legal e o ilegal, o oficial e o clandestino.

É nesse contexto que se desenvolvem novas relações entre distintas categorias sociais. Como já foi dito, desde as origens do bairro registra-se a presença de indivíduos das camadas populares prestando diferentes serviços para os grupos mais abonados. Empregados domésticos permanentes e temporários, motoristas, babás, faxineiras, jardineiros e um crescente contingente de trabalhadores de construção civil e serviços afins, como pedreiros, pintores, bombeiros etc., compõem parte desse universo. Por outro lado, cresce também o número de empregados de estabelecimentos comerciais dos mais diversos ramos que se multiplicam para atender a crescentes demandas da população, assim como pessoal ligado a serviços públicos. Este segmento mais pobre, de renda menor, vai ocupando os morros, onde constrói habitações baratas, de material precário e sem a posse legal dos terrenos.[4] Vivem dos trabalhos que fazem e dos serviços que prestam à população vizinha de renda elevada, direta ou indiretamente. Assim se formam e desenvolvem as favelas de Copacabana. Seus habitantes moram perto de suas fontes reais ou potenciais de subsistência. É verdade que há outros que continuam morando nos subúrbios e na periferia, gastando um tempo considerável nos seus trajetos de ida e volta. Nem todos querem ou podem ficar perto do trabalho. De qualquer modo, com as favelas, cria-se uma organização social do espaço urbano em que há uma interação permanente de vizinhança entre categorias que ocupam posição bastante desigual na estrutura social, com relações ambíguas de reciprocidade e conflito.

Frise-se que grande parte do universo de camadas populares é composto do que se chama no Brasil de pessoas de cor. São negros, pardos, mulatos que, ao lado dos numerosos nordestinos que vieram, sobretudo, para a construção civil, formam a maioria dos moradores de baixa renda das favelas. É a partir dessa situação que verificamos também a expansão do crime e de atividades ilegais. Os furtos, roubos, mendicância são atividades que hoje assumem proporções assustadoras, associadas, certamente, aos notórios e crescentes desníveis sociais, agravados pelas freqüentes crises do mercado de trabalho. A criminalidade se complexifica e assume dimensão mais ameaçadora com o tráfico de drogas — fenômeno que nos últimos quinze, vinte anos avolumou-se consideravelmente. Acompanhada pelo tráfico de armas, cada vez mais pesadas, compõe um quadro de violência que se espraia por toda a cidade. As lutas entre as gangues e o confronto com a polícia produzem tiroteios e correrias que intranqüilizam os habitantes do bairro, acentuando seu medo e insegurança. A globalização das redes criminosas afeta Copacabana, que, por seu cosmopolitismo e abundância de bens urbanos, é palco e cenário privilegiado dessas interações.

O mundo das drogas, cada vez mais internacionalizado, articula-se ao tradicional *bas-fond*. A maconha era, de há muito, utilizada por moradores das favelas e, através deles, pessoas de camadas médias, principalmente jovens, também a usavam, pelo menos desde os anos 50. Mas o crescimento do consumo se dá, sobretudo, nos 60, associado à difusão de estilos de vida mais ou menos referidos à contracultura, à contestação e rebeldia da época. A cocaína, antes limitada a grupos bastante restritos, vai, através de novas formas de tráfico, espalhar-se com consumo bastante generalizado na noite carioca, particularmente a copacabanense (Velho, 1998). É relativamente comum a compra e venda de drogas em alguns estabelecimentos conhecidos da vida noturna da cidade. Ao lado disso, existe, sem dúvida, toda uma dimensão mais convencional em que pessoas sem qualquer vínculo direto com estilos de vida transgressores freqüentam os restaurantes, as casas de show, cinemas, teatros etc. Esses mundos se tocam, cruzam, relacionam, mas não se confundem. Há aqueles indivíduos que atravessam constantemente as fronteiras, desempenhando diferentes papéis sociais, de acordo com contextos e situações.

Copacabana é hoje um bairro extremamente heterogêneo e diversificado. Coexistem, interagindo, os habitantes das favelas e do universo complexo dos setores médios. Há situações em que as fronteiras são cada vez menos nítidas. Já se constatou o fato de empregadas domésticas residirem nos mesmos prédios de seus patrões, como inquilinas de apartamentos. Nesse caso, são profissionais que já não trabalham apenas para uma família, mas que são *diaristas* em várias residências. Morar perto não significa, nesse exemplo, morar numa favela num morro vizinho, mas residir no mesmo edifício de alguns de seus *patrões*, categoria que, obviamente, teve o sentido mudado.[5] Os grandes prédios com apartamentos pequenos permitem e estimulam vizinhanças surpreendentes para os padrões da sociedade brasileira tradicional. No mesmo andar, podem ser encontradas unidades habitadas por famílias com pais e filhos ou por viúvas de camadas médias ao lado de garotas de programa, repúblicas de estudantes ou, como no exemplo citado, por empregadas domésticas. Embora existam prédios de maior luxo ou exclusividade, onde se mantêm as fronteiras tradicionais, é importante salientar que em Copacabana houve oportunidade para trajetórias de mobilidade que tornam o bairro, como um todo, um espaço social onde a hierarquia como valor tem uma atuação limitada.

Até os anos 60, podia se caracterizar um certo predomínio de camadas médias superiores entre os moradores do bairro. Mas, progressivamente, vai aumentando a presença de setores médios mais modestos que vão ocupando, primeiro, os pequenos apartamentos já mencionados e que, depois, com a tendência de desvalorização dos imóveis do bairro, passam, principalmente, a alugar e também comprar imóveis maiores. Esse processo de desvalorização financeira e simbólica do bairro é paralelo à crescente importância de Ipanema e Leblon dentro da Zona Sul e depois, a partir dos anos 70, à expansão de São Conrado e Barra da Tijuca, sobretudo. Ainda assim, o bairro apresenta índices que expressam uma condição social bem melhor do que a maior parte da cidade: 97,6 % de seus moradores são alfabetizados, 25% têm grau universitário e 56% das famílias recebem acima de dez salários mínimos, contra 23,5% do resto do município.[6] Outro fator sociodemográfico significativo é o envelhecimento da população. Os moradores que se estabeleceram no bairro entre os anos 40 e 70 chegaram, os que sobreviveram, à chamada terceira idade. Copacabana é hoje o bairro do Rio com maior proporção de moradores de mais de 60 anos, com o elevado índice de quase 25%, enquanto a Barra apresenta pouco mais de 7%, a Ilha do Governador em torno de 9% e Santa Teresa 11,5%. Depois de Copacabana, os bairros de índice mais elevado são a Tijuca, com 18,23% e Botafogo, com 17,97%. Na cidade do Rio de Janeiro, como um todo, a população de mais de 60 anos chega a 11,24%.[7] Três dos prédios que pesquisei no final da década de 60 têm hoje mais de 60% de sua população nessa faixa etária. Quase todos os filhos saíram do bairro ou mesmo da cidade. Os apartamentos dos moradores que morreram foram adquiridos, predominantemente, por pessoas de meia idade (40-50 anos) para cima, de nível social, em geral, mais modesto do que os antigos proprietários. Há indivíduos e famílias de alto poder aquisitivo e elevado prestígio social que continuam morando ou querendo morar em Copacabana. Mas a presença da elite e das camadas superiores está hoje mais restrita a trechos específicos, como em boa parte da avenida Atlântica. Esta que, durante décadas, foi um dos endereços de maior status do país também sofreu substanciais modificações. No início da década de 70, fizeram-se obras de aterro na praia, produzindo um novo espaço, chamado *calçadão*, que trouxe novas características para o logradouro. Com a ampliação do espaço para pedestres e novas pistas para automóveis e bicicletas, tanto a paisagem física como a social se alteraram. Outras práticas desportivas e cuidados com a saúde física introduziram caminhadas e corridas de pedestres, assim como o incremento do uso da bicicleta. Não só moradores de Copacabana, mas também de outros bairros passam a freqüentar o *calçadão* para essas finalidades. A praia cada vez mais atrai pessoas dos mais variados estilos de vida, produzindo, em função dessa heterogeneidade, uma organização do espaço e do tempo com áreas e domínios delimitáveis. O famoso espaço democrático da praia tem suas regras e convenções. Por outro lado, não está livre de conflitos, sendo o mais rotineiro o dos adolescentes e jovens favelados ou dos subúrbios em brigas internas ou hostilizando e sendo hostilizados pelas pessoas de nível social mais elevado, com situações de furto, roubo e mesmo agressões.

O uso da praia é polêmico. A recente construção de *arenas esportivas* provocou forte reação de moradores, protestando contra a sua ocupação indevida, com prejuízo, sobretudo, dos copacabanenses. Uma das autoridades criticadas respondeu que a praia de Copacabana era de todos, rejeitando qualquer pretensão à precedência por parte de seus habitantes, gerando forte polêmica sobre direitos e prioridades. Aumentou também o número de hotéis, alguns de grandes dimensões, na avenida Atlântica, crescendo o número de turistas, muitas vezes de condição econômica menos abonada do que os visitantes dos anos 40 e 50, hóspedes de endereços mais exclusivos como o Copacabana Palace. Trata-se de um novo tipo de turismo produzido pelo transporte aéreo de massa, em busca dos encantos da metrópole tropical, incluindo-se aí os sexuais, como a crescente prostituição juvenil. O réveillon, cada vez mais notório, atraindo cerca de um milhão de pessoas, é a grande apoteose da avenida Atlântica e do bairro em geral, com fogos, música e festas, ofuscando os tradicionais rituais afro-brasileiros.

Os moradores mais antigos e mais velhos beneficiam-se dos notórios recursos urbanos de Copacabana. O comércio variado e abundante, farmácias, cinemas, teatros, médicos, dentistas, bares, restaurantes e transporte variado, torna mais confortável a vida desse universo de terceira idade. O paradoxo é a violência que torna as ruas inseguras, processo que se acelerou nos últimos vinte anos. Especialmente à noite, os idosos evitam sair, tendo que elaborar estratégias para garantir maior tranqüilidade. Eles são as vítimas preferenciais dos ladrões e assaltantes, inclusive crianças e adolescentes pobres, que atuam em Copacabana, a qualquer hora do dia. São diárias as notícias e relatos sobre essas violências. Regularmente registram-se assaltos a apartamentos, fazendo com que os condomínios tenham que tomar mais medidas de proteção, como grades, trancas, alarmas, além da contratação de empregados extras e mesmo seguranças particulares diante da falta de confiança na polícia. Essa insegurança não é exclusiva de Copacabana. Praticamente toda a cidade vive hoje em sobressalto constante. Mas no famoso bairro, cheio de atrativos e fama, esse fenômeno assume tons especiais. Os encantos da praia e de sua paisagem, assim como dos recursos já mencionados, mantêm o bairro como área de permanente e intenso interesse. Embora ir à Copacabana não mantenha o mesmo quase que universal glamour de um passado recente, ainda é um programa de lazer e consumo para diversos grupos e categorias de brasileiros e estrangeiros. Como já foi sugerido, o desenvolvimento de outros bairros diluiu o seu anteriormente tão concentrado repertório de atrativos. Por outro lado, o envelhecimento da população não é homogêneo. Nas favelas, há uma alta proporção de jovens, boa parte dos quais vulneráveis à criminalização, tornando-se potenciais agressores de pessoas tanto do asfalto como da própria favela, sujeitos ao comando dos traficantes. A violência entre esses jovens tem apresentado índices alarmantes, com mortos e feridos. De qualquer forma, eles são vistos como grave ameaça aos moradores do bairro em geral. Suas ações produzem vítimas entre as camadas médias e superiores, aumentando não só o medo mas o desejo de repressão.[8]

Há, assim, grande ambigüidade nas relações sociais dentro do bairro. Ao lado de relações de troca, basicamente pacíficas, através de prestações de serviço de diferentes naturezas entre distintas categorias e estratos sociais —, há crescente conflito com violência física. Saliente-se que ações violentas não são de autoria exclusiva dos favelados ou pobres em geral. A ação da polícia tem sido, constantemente, objeto de críticas devido à brutalidade da maioria de suas intervenções, travando tiroteios intermináveis em suas incursões aos morros. Em Copacabana, encontra-se também o macabro fenômeno das balas perdidas atingindo pessoas pobres e de camadas médias nas ruas e até dentro de casa. Também tem sido notado o aumento de violência entre jovens de camadas médias. Este fenômeno é, com freqüência, relacionado à questão das drogas. Elas seriam a motivação que levaria esses jovens a furtar, roubar, para poder adquiri-las. Por outro lado, registre-se a forte difusão nas duas últimas décadas das artes marciais. Alta proporção da juventude carioca, especialmente na Zona Sul, tem se dedicado a essas práticas, ingressando em academias e, em alguns casos, constituindo verdadeiros grupos de combate. Embora para muitos trate-se apenas de um esporte, até com finalidade de auto-controle, passa a ser mais um ingrediente adicionado ao repertório das turmas mais agressivas. Apesar de sua grande diversidade, da capoeira ao boxe-tailandês, ligada a distintos estilos, é inegável que a competição costumeira adquire novos contornos com a socialização em técnicas de auto-defesa e combate. As *turmas* rivais são tradicionais em Copacabana, pelo menos desde os anos 40, associadas à boemia, festas, futebol e *paquera*. Ganham, no entanto, elementos novos com a difusão das artes marciais. Estas, sobretudo o judô e o jiu-jitsu, eram praticadas em Copacabana por turmas de jovens desde os anos 50, já havendo rivalidade e eventuais conflitos. Mas o panorama atual das artes marciais na Zona Sul é de grande massificação com centenas de grupos, turmas de gangues, reunindo milhares de membros.

Outra visível característica do bairro, expressão clara da sociedade brasileira contemporânea, é a variedade de religiões e cultos. Ao lado das tradicionais igrejas católicas do bairro, algumas já apresentando forte presença carismática, encontram-se várias igrejas protestantes, das históricas até as neo-pentecostais, Assembléia de Deus e outras. Há também centenas de centros espíritas, kardecistas, umbandistas, instalados, na maioria, em apartamentos, gerando situações de interação social bastante curiosas, de participação e trânsito entre as diferentes crenças e orientações. Já descrevi e analisei em outro texto uma situação social, de transe e possessão umbandistas, na principal artéria do bairro, em pleno dia.[9] Considerei-a exemplar enquanto expressão da crença no sobrenatural, particularmente em espíritos e sua manifestação num ambiente urbano e heterogêneo e repleto de símbolos e características de modernidade. Chamava atenção para a existência de planos e dimensões diferenciados da vida social, tendo o cenário copacabanense como *locus* exemplar. A fragmentação e trânsito entre domínios e papéis sociais não só se explicitam mais, como são mesmo induzidos por um *ethos* de características como as de Copacabana, levando ao extremo algumas das reflexões de Simmel, Park e Wirth sobre a especificidade do meio urbano. A complexidade e a heterogeneidade expressam-se através de vários *mundos sociais*, com particularidades, densidade própria e fronteiras. Eles são dinâmicos, estando em permanente processo de mudança e interagindo uns com os outros. Indivíduos concretos participam desses *mundos*, com maior ou menos grau de adesão, desempenhando papéis e vivendo situações sociais específicas. No decorrer de suas vidas, passam por transformações não só ao longo de suas trajetórias, mas em função de sua participação diferenciada em planos e dimensões contemporâneos, gerando o fenômeno da *metamorfose social* que discuti e analisei em *Projeto e metamorfose*. Embora não seja um processo homogêneo para toda a população, as radicais e freqüentes mudanças de papéis sociais associam-se a identidades complexas e multifacetadas. Assim, Copacabana parece ser um caso particularmente fértil para a investigação das características e transformações da vida metropolitana não só no Brasil, mas como fenômeno mais geral de sociabilidade e interação social.

Notas

1. Os postos são os marcos divisórios da praia, estabelecendo fronteiras simbólicas internas à Copacabana e a outros bairros da Zona Sul.

2. Ver, para comparação, em outro contexto, o trabalho de António Firmino da Costa (1999) sobre o bairro lisboeta da Alfama e o seu artigo, em co-autoria com Graça Índias Cordeiro, incluído neste livro.

3. Ver Gaspar, 1985 e Guimarães, 1977, por exemplo.

4. Sobre favelas, ver Leeds, A. e Leeds, E., 1978.

5. Ver *O Globo*, domingo, 28.3.99.

6. Dados do Centro de Informações e Dados do Rio de Janeiro (CIDE), da Secretaria Estadual de Planejamento, publicados no Jornal do Brasil, Caderno *Estilo de Vida*, de 30/5/99.

7. Dados do Censo de 1991.

8. Ver Velho, 1994, cap. 10.

9. Ver Velho, 1994, cap. 1.

Referências Bibliográficas

COSTA, António Firmino da. 1999. *Sociedade de bairro: dinâmicas sociais da identidade cultural*. Lisboa, Portugal, Departamento de Sociologia/ISCTE (tese de doutorado).

FRANCO, Afonso Arinos de Melo. 1979. *A alma do tempo*. Rio de Janeiro, José Olympio.

GASPAR, Maria Dulce. 1985. *Garotas de programa: prostituição em Copacabana e identidade social*. Rio de Janeiro, Zahar.

GUIMARÃES, Carmem Dora. 1977. *O homossexual visto por entendidos*. Rio de Janeiro, PPGAS/Museu Nacional/UFRJ (dissertação de mestrado).

LEEDS, Anthony e LEEDS, Elizabeth. 1978. *A sociologia do Brasil urbano*. Rio de Janeiro, Zahar.

SIMMEL, Georg. 1971. *On Individuality and Social Forms*. Donald Levine (org.), Chicago, University of Chicago Press.

VELHO, Gilberto. 1989 [1973]. *A utopia urbana: um estudo de antropologia social*. Rio de Janeiro, Zahar.

———. 1994 [1981]. *Individualismo e cultura: notas para uma antropologia da sociedade contemporânea*. Rio de Janeiro, Zahar.

———. 1994. *Projeto e metamorfose: antropologia das sociedades complexas*. Rio de Janeiro, Zahar.

———. 1998. *Nobres & anjos: um estudo de tóxicos e hierarquia*. Rio de Janeiro, Ed. da Fundação Getúlio Vargas.

O fado: etnografia na cidade[1]

Joaquim Pais de Brito

O fado é, na linguagem comum, uma realidade plural, fragmentada e em descentramento, e a sua constituição em objecto de investigação é, do mesmo modo, perturbada pelas oscilações de sentido que produz. Quando se fala desta forma de expressão de cultura popular urbana não há um registo de sintonia de ideias ou de referências que permitam retê-la e configurá-la com alguma precisão. E, no entanto, transporta consigo uma ilusão de facilidade — já que qualquer português a ele se refere — atinge uma profusão e diversidade de públicos, parece encontrar-se disperso e imediatamente perceptível nos discursos, nas evocações, na experiência musical e enquanto ícone de uma especificidade da cidade e do país.

É um objecto nómada, deambulando entre esquinas de ruelas e de becos e os salões da aristocracia que o apropriou, o teatro em que se dá em espectáculo, a taberna e os amigos que se encontram, o prestígio da rádio e do disco. Mas esta presença e disseminação são um campo complexo e equívoco, já que o discurso sobre o fado é feito de valorações e projecções ideológicas, entre o distanciamento e a adesão ou a apologia, entre a paixão e a repulsa, assim como é construído em torno de modelos e de imagens simplificadores e recorrentes que dificultam a sua apreensão como fenómeno cultural e social.

Esta pluralidade e diversidade implícitas nas representações construídas sobre o fado é reforçada pelo seu percurso no tempo e fica evidenciada ao identificarmos os momentos e as condições da sua constituição como canto urbano, a sua reprodução, permanências e transformações. Assim, falar de fado exige que se fale da sua história, já que ele é em cada momento também, ou talvez sobretudo, a representação que, nos ambientes sociais onde é tocado, cantado e ouvido, dele se faz ao dizer o que ele foi. Não nos vamos ocupar das origens deste fenómeno onde se mesclam influências de ritmos e formas musicais africanas ouvidas e fixadas no Brasil, cantos rurais trazidos do campo para a cidade, modinhas e repertórios musicais que, caídos em desuso dentro dos salões, saíram para as ruas e foram adoptados pelas camadas populares, entre outros.[2] Essas origens tornam-se menos pertinentes para a compreensão de um fenómeno que se expandiu ajudando a construir uma ideia de cidade, marcando muito das suas sociabilidades, assim como se alargou enquanto projecção de uma expressão ou sentimento nacional. Importa, sim, lembrar um período longo que cobre toda a primeira metade do século XIX no interior do qual o fado pode ser identificado como fenómeno musical com alguns dos atributos que manteve quando, já neste século, foi definido e reconhecido tal como então veio a produzir-se e a fixar-se.

Desordem, ruído

No começo do século Lisboa está, ainda, parcialmente, em ruínas, depois de meio século de reconstrução posterior ao terramoto de 1755 que destruiu grande parte da cidade. Os viajantes estrangeiros e outros observadores falam de sujidade, animais vadios pelas ruas, escasso policiamento, circulação difícil. Em 1801 a Espanha, entrando pelo Alentejo, ocupara a vila e as terras de Olivença. Estamos nas vésperas de um outro acontecimento traumático de âmbito nacional que, desde logo, marcou impressivamente a cidade, com a chegada das tropas de Junot, assim se inaugurando a presença no país dos exércitos de Napoleão, cobrindo os anos de 1808 a 1811. O rei com a sua corte parte para o Brasil e um reino de desordem se prolonga pelas décadas seguintes, numa sequência de acontecimentos que trazem instabilidade, agitação, ausência de controlo e proliferação de circulações, comportamentos e discursos não enquadrados numa ordem normativa e estável. São eles a Revolução Liberal de 1820, o regresso de D. João VI, no ano seguinte, com a corte, os senhores e a criadagem que, com a independência do Brasil em 1822, contribuem para aumentar e diversificar culturalmente a população da cidade. É, logo depois, a morte do rei, em 1826, com o problema da sucessão e a designação de D. Pedro como rei de Portugal e a subsequente usurpação do trono por parte de D. Miguel. A guerra civil que se segue (1828-34) reproduz um modelo de oposição tópica nas tradições da cultura popular — a disputa e o ódio entre irmãos — que iria catalisar um imaginário épico, em torno dos valores em oposição e operadores de oposições em que um país dividido se projecta e que, igualmente, circula nas tradições orais e musicais de que alguns fados foram exemplo. Com a vitória de D. Pedro e a abolição formal do Antigo Regime, o fim das ordens religiosas e do tráfico de escravos, produzem-se fracturas que geram paroxismos e obrigam a novos modelos de representação da história e da sociedade, num percurso lento que só no começo da segunda metade do século XIX encontrou estabilidade institucional e jurídica para poder construir-se. Até lá, houve, ainda, as revoltas populares e a Guerra Civil de 1846-47, também ela catalisadora do imaginário popular e nacional em torno da figura de Maria da Fonte, cujo hino se manteve ainda, durante o século XX, em paralelo e cumprindo as funções de hino nacional.

Foi neste contexto que o fado primeiro foi identificado na cidade de Lisboa, na pessoa de uma mulher que reuniu as condições para se projectar também como seu mito fundador: uma prostituta, Maria Severa, que, no decurso da sua curta existência, percorria os anos mais conturbados daquele período, entre a Revolução Liberal de 1820, quando nasceu, e a Revolução da Maria da Fonte, em 1846, ano em que morria. O acaso da sua relação (simultaneamente histórica e efabulada) com um representante da aristocracia que a terá visitado no bairro antigo onde vivia e a levou a cantar no seu palácio, amplificou e estabeleceu os contornos desse mito que elabora a articulação entre os dois campos que se opõem na pirâmide social, aristocracia e povo, e desenha duas trajectórias que preenchem afinal até hoje a história das práticas sociais e culturais implicadas no fado e dos meios em que este se produz. Esta mulher cantava e tocava guitarra, e por ela se deixam ver ou adivinham outros personagens que igualmente tocavam e cantavam o fado pelas ruelas esconsas dos bairros antigos da cidade, naquela primeira metade conturbada e em desordem do século passado.

Gente

No decurso de uma história de mais de 150 anos cruzam-se e separamse actores sociais que revelam estratificações e composições da população da cidade e algumas das sua interacções, assim como deixam perceber algo da tecitura urbana e dos lugares e espaços do seu envolvimento rural e das sociabilidades que marcam os seus quotidianos.[3] Assim, começamos por deparar nos registos esparsos de uma literatura de memórias, narrativas romanceadas ou crónicas dos jornais com a população iletrada e marginal das ruas e da zona ribeirinha da cidade, despossuídos e gente sem emprego estável, com actividades de circunstância, misturada com desocupação, ócio e vadiagem, uma circulação pelas tabernas, prostíbulos, feiras e espaços de relacionamento clientelar com estratos superiores da sociedade.

Depois, e no polo que diríamos oposto, encontramos uma aristocracia, em geral, retrógrada, vivendo a perda do seu estatuto com as modificações trazidas pelo liberalismo, o jogo parlamentar, a diminuição da importância absoluta dos bens fundiários e outras fracturas consequentes à basculação de valores estáveis, descobrindo o popular e o exotismo dentro das portas da cidade, característica de um romantismo tardio e de uma boémia que se prolongam por todo o século XIX. A relação entre esse dois extremos da sociedade é também lugar para a construção de uma proximidade sempre alimentada pelo discurso dos senhores em relação ao povo que apadrinham e que este também aprende a cultivar e a gerir. É esta uma das linhas ideológicas que ajuda a estabelecer uma visão conservadora, patriarcal e nacionalista, legitimadora da reivindicação dos valores do Antigo Regime, que nos dias de hoje ainda se exprime em afirmações isoladas de inspiração, sobretudo, monárquica.

Um terceiro grupo social surge já com maior evidência no último quartel do século XIX, com uma classe operária nascente e protagonista das primeiras greves nas indústrias, dentro e fora da cidade. Usando o fado como meio catalisador das suas sociabilidades, procurou com ele construir uma voz reivindicativa e definidora de direitos e de valores com que pensou construir uma consciência mais profunda e alargada de classe. Esse povo trabalhador que se organiza nos primeiros sindicatos e partidos ou organizações anarquistas, anarco-sindicalistas, socialistas atinge, nas primeiras duas décadas do século, no período que antecede a implantação da República (1910) e vai até à Primeira Guerra Mundial, o máximo da sua expressão e afirmação ideológica, mesmo que fracturada, instável e marcada pelo voluntarismo de alguns actores sociais. Alguns destes pertenciam à classe dos tipógrafos, particularmente bem colocados, pois tinham acesso aos meios para fazerem propaganda e divulgação. Dentre eles, destacou-se, por exemplo, Avelino de Sousa, escritor de letras de fados e um dos mais acérrimos defensores deste como veículo ideológico de formação e de luta.

Mas um último estrato da composição social da cidade deve ser ainda identificado, apesar de mais impreciso nos seus contornos. Tratava-se de uma pequena e média burguesia que frequenta o teatro de revista, os espectáculos populares em recintos abertos, tem meios para adquirir a grafonola e o aparelho de rádio que, pelo espaço doméstico de audição que ilustra e evoca, contribui para emblematizar, nas décadas de 30-50, este mesmo estrato social. Ele será um veículo fundamental de fixação de cânones para o fado e o meio mais eficaz e permanente da sua difusão pelo país. Também com ele este novo meio de comunicação participa de um trabalho continuado de identificação nacional.

Fragmentos da cidade

Percebe-se, já, que há uma relação inevitável a estabelecer entre essa diversidade de actores sociais, os processos temporais que revelam e de que são protagonistas, a caracterização e a mutação que sofre aquela forma musical e a evolução da própria cidade, a sua população, estrutura urbana e policiamento. Todos esses factores interferem na produção de novas diversidades a ter em conta ao falar do fado. Em 1848 ensaiava-se a iluminação a gás na Baixa de Lisboa, onde antes havia a escassa luz dos candeeiros de azeite. A cidade está, em geral, às escuras, confinada nas suas colinas e bairros mais antigos, ocupando uma área restrita junto ao rio, com as portas de entrada a definir um perímetro que a demarcava do espaço rural envolvente. A primeira grande cintura de circulação e limite exterior da cidade, traduzindo-se já no alargamento da sua área, é concluída em 1857, num arco que liga Alcântara, Prazeres, Campolide, São Sebastião, Arco do Cego, Arroios, Penha de França, Santa Apolónia. Já no presente século ainda se ia de férias para o Campo Grande. *Fora de portas* é a expressão que caracteriza até muito tarde circuitos de sociabilidade ligada a tempos de ócio na frequentação de pequenos restaurante campestres abastecidos pela sua própria horta e aonde o fado era frequentemente tocado. Alguns deles ficaram célebres, como a *Tia Iria*, *Ferro de Engomar*, *José dos Pacatos*, *Perna de Pau*, por exemplo, e foram frequentados até cerca de meados deste século. Também por ser *fora de portas*, os géneros e, em particular, o vinho, são aí mais baratos, não estando sujeitos ao imposto de entrada e venda na cidade.[4] O rompimento das avenidas novas com as grandes obras públicas dos anos 40 inaugura um processo de crescimento que a imigração dos anos 60 faz explodir e prolonga a cidade num contínuo urbanizado através do campo, rural e *saloio*, de Benfica, Lumiar e Sacavém. Esta história da cidade é, todavia, particularmente pertinente quando interrogada ao longo do século XIX, já que é nesse percurso de tempo que os modos de policiamento, controlo social, tímida iluminação e alguma intervenção urbana vão pondo à vista e fragilizando o espaço recolhido, obscuro e autoprotegido das sociabilidades populares nos seus recantos ínvios e nos códigos de valores e violência latente que os marcaram e por onde o fado construiu muito da sua história como forma de expressão cultural urbana.

Quer dizer, então, que o que temos perante nós como campo de interrogações, ao fazer uma etnografia do fado, é uma pluralidade de patamares que repercutem uns nos outros e que obrigam à construção de um objecto que, mesmo tratando-se de uma observação no presente, tem sempre de incorporar a dimensão temporal em que se construiu e em que se diz. Temos, assim, uma profusão de práticas e representações endógenas dos grupos sociais que organizaram um modo narrativo de cantar e contar o universo que partilham. Temos também interacções e sociabilidades, ambientes e situações determinados, e que progressivamente se deslocam para o retiro da noite, em partilha e interacção performativa que vão estabelecendo uma marca distintiva em relação a práticas idênticas da sociedade rural tradicional, em geral em espaços abertos e à luz do dia. Temos, assim, a circulação de uma palavra que cria e reforça territórios de pertença e de identidade social com a música e a voz, as emoções que estabelecem a tecitura e constituem a matéria plástica que cria um espaço social que marca a vida da cidade e, sobretudo, constitui um pulsar oculto que também ajuda a construí-la. Nesta produção de sociedade através de um canto, destacam-se os personagens e heróis com os quais se estabelece uma narrativa, simultaneamente histórica e atemporal, projectando um efeito de acronia que acompanha o discurso sobre o fado (essência, sentimento ou alma nacional, saudade etc.) e a experiência concreta que dele se tem, induzida pelo apagamento dos contornos do tempo no espaço nocturno em que se produz. Temos, finalmente, todos os discursos exógenos de apropriação e recusa que lhe dão uma sobreexistência que ajuda a estruturar a permanência do fenómeno, assim como contribui para a dificuldade da sua apreensão.[5] O fado é sempre qualquer coisa que já se diz que é ou que tem sido. Então, a sua etnografia lida permanentemente com o plano do observado e do discurso que o institui.

Razão e paixão

Esta manifestação nascida, constituída e projectada a partir de um meio popular, totalmente desqualificado e considerado marginal, cedo adquire visibilidade e é identificada e comentada a partir do seu exterior. Assim, encontramos o olhar já distanciado dos intelectuais que manifestam, sobretudo, o mal estar marcado pelo juízo de valor que sobre ela projectam. Os etnólogos da viragem do século pouco tiveram a dizer sobre o fado, já que o espaço urbano estava distante das suas preocupações, referidas às tradições de um povo de tradição rural, consideradas mais genuínas e reveladoras dos saberes e dizeres que estudavam e da densidade do tempo e da história que pretendiam evocar. Rocha Peixoto, o mais importante de entre eles, escreve, em 1897, sobre o "cruel e triste fado" para denunciar um traço de decadência e de demissão da vontade que era também para ele, então, um retrato alarmante de Portugal. Esta identificação de um mal ou, no mínimo, de um aspecto anedótico e pictorial da vida da cidade, sem espessura e sem importância, surgira com a geração de 70, em autores como Eça de Queiroz, e outros, que, num curto espaço de tempo, vêm a fixar, ou seja, a inventar a figura do fadista.

O primeiro foi Rafael Bordalo Pinheiro com um desenho publicado em 1873 e comentado com um texto de Brito Aranha:

> São tipos de Lisboa. Encontram-se nas ruas do Bairro Alto e da Alfama. Parados às esquinas, formando grupos ao mesmo tempo pitorescos e picarescos ... A sua linguagem não é a linguagem comum, correntia, inteligível para todos ... A sua voz alterada pelo cigarro de mau tabaco e

> pela aguardente, e outras bebidas alcoólicas de má qualidade, não tem um timbre agradável, é áspera e rouquenha. O genuíno fadista de Lisboa tem até corte particular no cabelo: duas madeixas que caem dos lados cobrindo-lhe as orelhas, e sobressaindo-lhe no chapéu ou no barrete, são-lhe indispensável complemento do figurino de bordel. Toca guitarra; canta o fado nas ocasiões de tristeza e nos momentos de alegria, e usa de navalha de ponta e mola para se desvencilhar nas circunstâncias apertadas; mas o uso deste instrumento cobarde e indigno o leva para caminhos mais perigosos que o da vadiagem até as plagas africanas.

Depois foi Ramalho Ortigão que nas *Farpas* de 1878 sobre ele escreveu:

> O fadista não trabalha nem possui capitais que representem uma acumulação de trabalho anterior. Vive dos expedientes da exploração do seu próximo. Faz-se sustentar por uma mulher pública que ele espanca sistematicamente. Não tem domicílio certo. Habita sucessivamente na taberna, na batota, no chinquilho, no bordel ou na esquadra da polícia ... é um anémico, um covarde e um estúpido. Tem tosse e tem febre, o seu peito é côncavo, os braços são frágeis, as pernas cambadas; as mãos, finas e pálidas como as das mulheres, suadas, com as unhas crescidas, de vadio; os dedos queimados e enegrecidos pelo cigarro, a cabeleira fétida, enfarinhada de poeira e de caspa, reluzente de banha. A ferramenta do seu ofício consta de uma guitarra e de um *Santo Cristo*, que assim chamam tecnicamente à grande navalha de ponta e tríplice calço na mola. É habitado por uma moléstia secreta e por vários parasitas da epiderme. Um homem de constituição normal desconjuntar-lhe-ia o esqueleto, arrombá-lo-ia com um sopro. Ele sente isso e é traiçoeiro pelo instinto de inferioridade.

A este retrato juntam-se os de Luis Augusto Palmerim (1879) ou do conde de Sabugosa (1894). São eles que contribuem para cristalizar uma imagem que haveria de circular na iconografia que ilustra os folhetos de cordel, as partituras de música que no começo do século vão passar a ter uma grande vulgarização e está presente no modo de apresentar as personagens no teatro, na opereta e no cinema. Mesmo quando os atributos morais deixam de estar associados à degradação deprimente que aquele retrato demolidor denuncia, algo da postura ociosa e estereotipada, assim como do próprio vestuário e adereços, permanece nos modos de representar e recriar um ambiente fadista e os tipos que o povoam.

Os textos anteriores situam-se todos no último quartel do século XIX, em contexto de acentuada crise e debate intelectual, em torno da decadência de um país com uma história grandiosa, passada e perdida, que tem um clímax nas Comemorações do Tricentenário de Camões em 1880, e um outro, de sinal oposto e de efeito brutal e traumático, no ultimato inglês de 1890 que abalou o país na sua convicção de nação independente e precipitou a movimentação social no sentido da abolição da monarquia. A primeira tentativa abortada ocorre no ano seguinte, mas até à Revolução Republicana de 1910 (passando pelo assassinato do rei D. Carlos em 1908) é esse mesmo ambiente de tensão, crise e desconforto intelectual que se vive e que acompanha a representação que se fazia do país e marca muito especialmente a sua capital. Esta tem, então, cerca de 300.000 habitantes.

No processo de produção de discursos sobre o fado destacam-se dois períodos em que se explicita e intensifica o debate sobretudo ideológico de que ele é alvo e pretexto. O primeiro ocorre nos anos 10 quando, a propósito de dois textos de Albino Forjaz de Sampaio, em que aquela canção e o seu ambiente são denunciados como um mal causador de males na sociedade portuguesa, o tipógrafo anarquista Avelino de Sousa publica o pequeno livro *O fado e os seus censores*, onde este é defendido como um instrumento importante para a transmissão de valores e formação da classe operária ou do povo iletrado, em geral. Também, então, o musicólogo António Arroio (1909) o combate, pondo-o em contraste com as virtudes do canto coral. Deste debate participam de forma directa ou indirecta, as novas publicações periódicas que lhe são dedicadas e o promovem.[6]

Os musicólogos portugueses desconhecem-no ou recusam-no como canção menor e espúria dentro das tradições musicais populares de Portugal. Passa-se isto com Armando Leça e, de modo mais acerbo, com Fernando Lopes Graça nos anos 30, o segundo momento de mais acesa discussão em torno da defesa ou rejeição do fado em que participam os intelectuais do regime.[7] A publicação do livro de Luís Moita *Fado canção de vencidos* (1936), o texto mais documentado até então escrito sobre o fado e que resultou de um conjunto de palestras transmitidas pela Emissora Nacional, vai dar lugar ao livro singular de Victor Machado *Ídolos do fado* (1937), resultado de um inquérito por ele conduzido junto a mais de uma centena de fadistas e que procura enaltecer as qualidades que este canto da cidade pode exprimir e veicular. Também neste contexto se situam os discursos ambivalentes de António Ferro sobre essa canção que teoricamente denuncia pelo retrato de inacção e autocomiseração que esboça de Portugal e dos portugueses, mas que, ao mesmo tempo, lhe traz a nostalgia e a emoção mais profunda quando, fora do país, o ouve. Ao contrário do que se diz, o fado não foi a canção do regime, mas no final dos anos 30 foi para este possível apresentá-lo já depurado de muitos dos atributos que o marcavam e o arrastavam para zonas que o poder instituído não controlava.

Variações no tempo

Com o que dissemos é então mais fácil esboçar uma periodização dos percursos e dos processos que acompanham a história desta forma musical e dos modelos em que se cristalizou. Depois dos seus começos identificados nos anos 30 do século XIX — que a Severa e o Conde de Vimioso ajudam a precisar enquanto mito fundador mas também enquanto personagens da história da cidade —, só pelos anos 60 se começam a destacar autores de músicas e executantes que antes se apagavam no anonimato de uma prática popular difusa em que o estatuto de autor não tinha relevância. Esta fase inaugura um primeiro processo de definição de géneros de fado e modos de executar, com o destaque dado não apenas aos tocadores mas aos fadistas que o cantam e dançam. O fado é então acompanhado de uma coreografia que põe em diálogo um homem e uma mulher numa forma de dança (*bater o fado*) que no final do século seria censurada e proibida, por indecorosa, em lugares públicos.

No último quarto do século ocorrera já uma dupla apropriação social do fado. Por um lado, uma corrente aristocrática, em que este é produzido e circula no ambiente dos salões das camadas de maior status, ao mesmo tempo que os temas cantados exploram aspectos da própria sociabilidade desses grupos sociais — os cavalos, os touros —, assim como os que são já elaborados por uma linguagem poética mais separada da dimensão narrativa; linha de apropriação que até hoje se pode identificar e que teve, bem próximo de nós, como notáveis representantes e executantes Maria Teresa de Noronha e Vicente da Câmara. Por outro lado, a sua circulação em ambiente popular e os seus usos como veículo de expressão de um proletariado nascente, como suporte e fio condutor de uma denúncia das desigualdades sociais ou afirmação de um sentido de justiça.

É o fado que no final do século XIX e durante o primeiro quartel do presente vai acompanhar o texto das *Cegadas*, os teatros de rua apresentados durante o período do Carnaval, escritos por autores do meio popular, também eles autores de letras de fado, e que são a expressão daquela crítica social. Nelas participam, como "actores", cantadores que se tornariam célebres, como aconteceu com Alfredo Marceneiro. É o tempo dos "fados de contraste", como depois seriam designados, e em que se confrontam os valores associados ao comportamento e atitude do rico e do pobre, do poderoso e do humilde, do juiz e do réu, algumas das mais recorrentes categorias em contraste.[8]

Este período longo é marcado também por outros atributos, como são a divulgação de letras de fados em publicações periódicas, às vezes de vida curta, expressamente editadas para tal, e que em 1910 dariam início, de uma forma mais intencional e sistemática, a projectos mais estáveis que ajudam a construir um espaço social de identificação em torno do fado e portador de solidariedades. O fado, a partir do último quartel do século XIX, tende a fazer a crónica dos meios populares da cidade, dos acontecimentos que lhe dizem respeito, dos personagens e heróis populares que a atravessam e com ele se procurou construir um meio de luta e de instrução popular. Generalizam-se as sessões de fado em homenagem e apoio a alguém mais necessitado, em actos de beneficência que reforçam os traços de identidade social da população da Lisboa popular e operária. Na primeira década do século e, sobretudo, depois da implantação da República, proliferam os locais onde o fado se produz (sociedades de instrução e recreio, todo o tipo de colectividade, teatros etc.). Também ele é trazido para outras situações de sociabilidade, aleatórias como a saída para uma merenda no campo ou excursão (os grupos jantaristas e excursionistas generalizam-se) ou de recorrência sazonal que, como a tourada, estabelecem a interação entre todos os estratos sociais.

Finalmente, é neste período que se afirma um modelo de canto que realça a dimensão performativa com a dramaturgia de um desenlace imprevisto, traços que acentuam propriedades dinâmicas na produção e reprodução desta forma musical. Referimo-nos ao improviso, lembrando, por exemplo, os grandes improvisadores Jorge Cadeireiro, Carlos Harrington, Guilherme Coração, Júlio Janota, para referir quatro que, por coincidência, nasceram no mesmo ano de 1870. A improvisação trazia consigo a tipificação das formas poéticas que então se vulgarizam e ocupam praticamente meio século de produção fadista. São elas a décima, cuja quadra inicial, designada *mote*, era dada ao "adversário" para sobre ela este improvisar e construir as quatro estrofes de dez versos; e a quadra simples, que viria a permanecer mais tempo em uso na desgarrada, em canto alternado de dois ou mais cantadores em disputa.

É notória a presença e os sinais que marcam a vida da cidade, as sociabilidades populares e todos os cruzamentos que se estabeleciam com a aristocracia, ilustrados pelos recintos abertos ou fechados, esplanadas e teatros, espaços de encontro que o fado vai investir. Nos anos 20 discute-se se ele deverá continuar nos recantos mais sombrios e frequentados por uma população pobre e analfabeta e que assim ele pode ajudar a educar, projecto que alguns autores de letras e cantadores tiveram, ou se deverá antes deslocar-se para os palcos e salas de espectáculos, com isso corrigindo modos e comportamentos de músicos e cantadores, e induzindo também novos públicos, posição esta defendida pelo responsável daquela que veio a ser a publicação periódica mais importante do fado, Linhares Barbosa, director da *Guitarra de Portugal* (1922). Também ela era defendida pelos cantadores que conquistavam um cada vez mais evidente estatuto de artista pelas apresentações públicas que faziam e pela promoção desses mesmos eventos.

Aquele confronto de ideias nos começos do século é exemplarmente retratado por um escritor popular, Venceslau de Oliveira, autor de letras de fado, personagem do meio onde este era produzido e circulava, no livro *Alma de fadista. Romance da vida boémia*:

> Decaía a olhos vistos o regime monárquico, dois anos após o audacioso atentado contra a família real em que baquearam, não só o rei D. Carlos de Bragança e seu filho, o príncipe D. Luís Felipe, como os arrojados regicidas, Buiça e Costa, quando o fado começou a trilhar o caminho da sua mais brilhante auréola. Em todos os tempos e em todas as épocas, nos momentos mais periclitantes da vida portuguesa, as canções foram sempre os clamores da revolta mal contida, contra a esmagadora opressão que tiranizava o povo trabalhador, digno de melhor sorte. Assim, enquan-

> to ilustres caudilhos republicanos apresentavam nos comícios o desmantelar de um trono carcomido, os fadistas, por seu turno, na maioria analfabetos, de guitarra em punho, andavam pelas ruas e tavernas, desinteressadamente, fazendo intensa propaganda de um regime novo, mostrando, em violentas estrofes, as pústulas chaguentas da depauperada monarquia que tinha por chefe um pusilânime, filho mais novo do rei morto, a morrer-se ao sabor dos políticos palacianos. E o povo escutava-os desvanecidamente.[9]

O golpe militar que, em 1926, põe fim ao regime republicano vai criar instituições de controlo que interrompem essa evolução social internamente negociada do meio fadista e decide dos modelos em que o fado se passará a produzir e a pensar-se a si próprio. A instauração da censura atinge os poemas, que têm que ser visados e aprovados para poderem ser cantados em público. Incide, igualmente, sobre os locais onde os fadistas se apresentam, que passam a necessitar de licenças, assim como da apresentação dos repertórios que ali são cantados. Esta intervenção da censura interfere com a vertente a nosso ver mais dinâmica desta forma de expressão popular, o improviso. Mas outros factores convergem no mesmo sentido e rapidamente contribuem para o seu desaparecimento. São eles a exigência da carteira profissional para cantar em público, a vulgarização do disco que, ao ter um tempo limite máximo de duração, vai condicionar a extensão do poema, e a rádio que exercerá os seus próprios critérios de selecção, implícita ou explícita, de fadistas, repertórios e vozes e que conduz ao estabelecimento de cânones estéticos e de estilos para o fado.

É este o contexto da emergência da figura do artista que concorre para que se distancie do meio social onde surgiu e onde, em contextos de sociabilidade popular, primeiro ouviu e aprendeu o fado. Este artista vai construir a sua vida segundo um modelo donde são excluídas as circunstâncias singulares, aleatórias e diversas de indivíduo para indivíduo, apagando-se, por exemplo, a sua vida familiar, origens, dificuldades ou referências a outras actividades que tenha exercido.[10] É também este processo que conduz ao desaparecimento das alcunhas que popularmente os designavam entre o meio a que pertenciam, frequentemente com origem na profissão, e cujos raros casos ficaram depois da criação das carreiras profissionais e da sua divulgação pela indústria discográfica. A excepção foi, por exemplo, Alfredo Marceneiro, que manteve a alcunha profissional como nome artístico. Nos anos 40, Amália, com a excelência de uma voz e da força de um canto, ajudou a pacificar um território, ainda incerto e maculado pela imperfeição de comportamentos moralmente e esteticamente irregulares ou em transgressão, ajudando a estabelecê-lo como forma musical e elaboração estética que os meios de divulgação e o alcance da sua projecção internacional normalizaram.[11]

Até agora foi possível reunir e cruzar os indícios que ajudam a extrair da desordem e do ruído formas expressivas, actores e processos sociais e esboçar uma história em que a cidade é cenário e protagonista. É ai que o fado emerge e se constrói, cantado e executado em moldes que combinam ainda a presença de uma ruralidade que se mantém dentro da cidade e é transportada pela voz do cego e pelas narrativas que canta, pelos instrumentos alternativos, guitarra ou viola, que a podem acompanhar, pelo imaginário e tópicos de uma cultura popular que nela se partilha.[12] Muitos dos temas reveladores dessa ruralidade são expressos nas letras de fados tão célebres como "Azenha velhinha", "Natal do moleiro", "Mocita dos caracóis", por exemplo. Mas ele vai, pouco a pouco, recolher-se no avesso da noite e dos espaços fechados e nas sociabilidades que inventam uma coesão que a própria situação performativa ajuda a construir enquanto utopia solidária.

Ao longo deste percurso que passa por dois séculos da vida da cidade, algumas mutações são particularmente evidentes. Assim, se pensarmos nos instrumentos que hoje sabemos associados ao fado, a guitarra portuguesa, a viola e, a partir dos anos 40, a viola baixo que marca o ritmo cadenciado da música, constatamos como aquilo que se veio a transformar em imagem emblemática, presente em qualquer fotografia, postal ou desenho é muito recente, correspondendo exactamente aos anos da instituição e profissionalização que se iniciam no final da década de 20. Nas origens, quando o fado nos surge já bem identificado como género musical associado a determinados ambientes e personagens, a guitarra foi o único instrumento com que o fado era tocado acompanhando o canto. Era, além disso, um instrumento tocado frequentemente por mulheres. Tal como o vimos nas mãos da Severa, também se veria nas mãos de outras fadistas e célebres tocadoras até aos anos 20. Esta associação da guitarra à Severa, assim como a prática dela ser tocada muitas vezes por mulheres, viria a estar na origem de uma iconografia, que a fotografia e o cinema reforçaram, que apresenta as cantadeiras como Amália, Berta Cardoso, Hermínia Silva etc. pegando na guitarra em jeito de tocar, mesmo não sabendo dedilhá-la. Mas serão os homens que virão, em exclusivo, a executar este instrumento e a destacar-se pelas inovações técnicas e estilísticas que, desde que há registo sonoro, foi possível definir, comparar e avaliar nos modos de articulação com o canto e no equilíbrio ou afirmação de protagonismo que com ele estabelecem ou disputam. O sentido geral dessa evolução parece apontar para a perda da centralidade exclusiva do canto enquanto narratividade, com a afirmação, esporádica ou tendencialmente progressiva, da guitarra na sua autonomia de instrumento e na imposição do modo de acompanhar o canto. Este procurará, igualmente, alcançar novos registos de qualidade estética.

Pretérito presente

Chegamos, então, à situação performativa que nos é dada numa sessão de fados, numa casa aberta ao público, sejam os fadistas artistas profissionais ou simples amadores, um tocador de guitarra e um tocador de viola, ambos sentados, um cantador ou cantadeira que de pé e à frente destes canta dois ou três fados, a iluminação apagada ou reduzida ao mínimo e, nas casas que se especializaram na exibição desse género musical, substituída pelas velas acesas nas mesas. É assim dada a primeira evocação de um passado distante de uma cidade às escuras, com ela se afirmando uma espessura temporal que atira para uma origem remota uma forma de expressão que o discurso apresenta sempre como tradicional e antiga. Com ele a cidade reforça uma identidade específica. Também no modo de trajar se afirma a condição plástica e a dramaturgia de uma situação performativa, o negro do traje da cantadeira ou, pelo menos, de um adereço que sempre utiliza, o xaile. Este que até à decisiva fronteira dos anos 30 era a mantilha ou o xaile coloridos, de uso popular em dias festivos, vai ser reinventado quando Amália o usa negro, misturado com a noite, assim se acentuando a ritualidade do canto e se destacando o elemento central da condição da apresentação e reprodução do fado, a voz que o exprime.

É esta, em geral, a situação de partida quando falamos do fado, os lugares e as condições em que pode e deve ser ouvido. Mas neste texto é, para nós, o ponto de chegada, já que só percorrendo no tempo uma variação de práticas que conduziu a uma fixação mais tardia dos cânones estéticos e teatrais da sua apresentação devolvemos outra densidade à construção deste objecto. E, no entanto, o fado, de certo modo, só existe e se mantém enquanto categoria que escapou ao tempo. Esta atemporalidade, que para os produtores de um discurso apologético é imortalidade — "o fado não morre", "o fado é eterno" —, é feita de estereótipos que acompanham a invenção de uma tradição que, na viragem dos anos 30, deixa de comentar a história e existe como que suspenso no tempo que, contudo, evoca para legitimar a sua presença e estatuto. No diálogo permanente que ele mantém com a cidade, e que nestas páginas procuramos indiciar, instala-se, afinal, o paradoxo de ele se ter transformado mais em emblema que a ajuda a permanecer e a autorepresentar-se, através de todos os sobressaltos que trazem o crescimento e as transformações de uma grande cidade, do que enquanto narração de uma história de que foi, afinal, protagonista e que ajudou a construir.

Notas

1. Este capítulo retoma materiais e problemas de uma investigação que teve o seu primeiro desenvolvimento, ainda subsidiário, no âmbito de uma cadeira de Antropologia do ISCTE e teve a sua formulação mais estrategicamente orientada com a equipa de investigação com quem durante um ano e meio preparámos a exposição sobre o fado apresentada, em 1994, no Museu Nacional de Etnologia. Agradeço a Patrícia Queiroz o trabalho de fixação do texto.

2. As origens brasileiras do fado estão sintetizadas em J.R. Tinhorão (1994), tendo um texto fundador em Mário de Andrade (1934) e uma fonte sempre evocada nas *Memórias de um sargento de milícias*.

3. O obra de referência é o livro de Pinto de Carvalho (1903) que recorre à observação e à recolha de informação pela auscultação directa dos personagens que participaram dessa vivência da cidade ao longo do século XIX, livro que deve ser complementado com a obra de Alberto Pimentel (1904). Dois textos que são testemunho directo da primeira metade daquele século são os livros de J.C. de Carvalho (1849) e de F.J. de Almeida (1985), rememorando factos de finais dos anos 30.

4. Aqueles locais de lazer na periferia rural da cidade aparecem bem identificados, em alguns casos com documentação fotográfica, no livro de João Monteiro sobre a Estrada de Sacavém (1952). Esta procura, pelas mesmas razões, da proximidade exterior das portagens da cidade é igualmente referida num estudo sobre o carnaval de Paris (Faure, 1980) onde, no começo do século passado, os lugares de comensalidade e sociabilidade populares lhe estavam associados.

5. Num artigo recente de João Leal (1999) sobre a saudade e o carácter nacional é proposto um quadro histórico e interpretativo que se articula com as páginas que se

seguem e que também destaca o fado como elemento naquelas construções ideológicas. Um campo de idênticas questões é proposto para o tango, no contexto nacional argentino, por Eduardo Archetti (1994).

6. Lembremos algumas: *O Fado*, *A Alma do Fado*, *O Fadinho: semanário de crítica e propaganda do fado*, todos de 1910, e *A Canção de Portugal: o Fado* (1916). Posteriormente, vão surgir as de maior longevidade que, nos anos 30, reflectem muito dos debates ideológicos e estéticos sobre o fado: *Guitarra de Portugal. Quinzenário de literatura e poesia — porta-voz do fado* (1922) e *A Canção do Sul* (1923).

7. Uma excepção deve ser referida a propósito do folclorista inglês Rodney Gallop (1936), que destaca o fado como canto urbano com valor musical e cultural que o impõe como objecto a ser estudado e situado sociograficamente.

8. Este termo foi detectado como dimensão classificatória no estudo sobre Alfama realizado por António Firmino da Costa e Maria das Dores Guerreiro (1984) e ali desenvolvido pelos autores como categoria analítica.

9. Este livro que foi publicado em fascículos, sem data de edição, mas publicitado num jornal de 1924, combina uma trama romanceada com contextualizações geográficas e históricas trazidas pela experiência vivida do autor que lhe dão um valor de fonte.

10. Na investigação preparatória da exposição sobre o fado no Museu Nacional de Etnologia foi possível detectar essa recorrência da construção da vida segundo um modelo que, no Catálogo, foi posto em destaque por Teresa Fradique e Rita Jerónimo (1994). Num plano de comparação com o tango, o seu meio social e o universo de representações que constrói, Archetti (1994) fala de algo semelhante quando diz "os homens destas histórias de amor ... não têm filhos".

11. Sob múltiplos ângulos com que se olhe e se interrogue, Amália é personagem central para aceder aos planos que no fado se combinam e são outras tantas vertentes para a sua interpretação. A sua biografia, elaborada por V.P. dos Santos (1987), deixa perceber a dimensão da sua personalidade complexa e contraditória.

12. Lembramos, aqui, a luminosa síntese de Peter Burke (1978) sobre os meios expressivos e motivos da cultura popular na Europa, mas, sobretudo, o livro de Caro Baroja (1969) que, a nosso ver, é o estudo mais profundo, ilustrativo e teoricamente estimulante que foi feito sobre o universo da oralidade e da narrativa dos romances vulgares do século passado e que ultrapassa, em muito, a documentação e a área regional em que foi recolhida, a Península Ibérica. Aqui explode uma profusão de exemplos que retomam as características das crónicas do *fait divers* e os sinais do destino sobre que são construídas (Auclair, 1982), ao mesmo tempo que também aqui se deixa perceber a importância da palavra e da voz elocutória, da poesia e do canto, tal como foram decisivamente formuladas nos trabalhos de Paul Zumthor (1983, 1987). São, para nós, alguns dos trabalhos de referência na aproximação ao estudo do fado e da sua interpretação num quadro mais alargado de comparação.

Referências Bibliográficas

ALMEIDA, Francisco José de. 1985. *Apontamentos da vida de um homem obscuro*. Lisboa, A Regra do Jogo.

ALMEIDA, Manuel António. 1984 [1852-53]. *Memórias de um sargento de milícias*. São Paulo, Editora Moderna.

ANDRADE, Mário de. 1934. "Origens do fado", in: *Música, doce música*. São Paulo, L.G. Miranda.

ARCHETTI, Eduardo P. 1994. "Models of masculinity in the poetics of the Argentinian Tango", in: ARCHETTI, Eduardo P. (org.). *Exploring the Written: Anthropology and the Multiplicity of Writing*. Estocolmo, Scandinavian University Press, p.97-122

ARROIO, António. 1909. " O triste fado", Apêndice a *O canto coral e a sua função social*. Coimbra, França Amado.

AUCLAIR, Georges. 1982 [1970]. *Le mana quotidien: Structures et fonctions de la chronique des faits divers*. Paris, Anthropos.

BORGES, Jorge Luis. 1979 [1955]. *Evaristo Carriego*. Madri, Alianza Editorial.

BRAGA, Teófilo. 1905. *História da poesia popular portuguesa*. Lisboa, Manuel Gomes.

BRITO, Joaquim Pais de (dir.). 1994. *Fado: vozes e sombras*. Lisboa (Museu Nacional de Etnologia), Lisboa 94/Electa.

BURKE, Peter. 1978. *Popular Culture in Early Modern Europe*. Nova York, Harper and Row.

CARO BAROJA, Julio. 1969. *Ensayo sobre la literatura de cordel*. Madri, Revista de Occidente.

CARVALHO, J. C. de. 1849. *Eduardo ou os mistérios do Limoeiro*, 4 vols. Lisboa.

CARVALHO, Pinto de. 1982 [1903]. *História do fado*. Lisboa, Dom Quixote.

COSTA, António Firmino da e GUERREIRO, Maria das Dores. 1984. *O trágico e o contraste: O fado no bairro de Alfama*. Lisboa, Dom Quixote.

COSTA, Júlio de Sousa. s/d [1936?]. *Severa (Maria Severa Onofriana): 1820-1846*. Lisboa, Bertrand.

COSTA, Mário. 1950. *Feiras e outros divertimentos populares de Lisboa*. Lisboa, C.M. de Lisboa.

DAMIANAKOS, Stathis. 1971. *Les rebetika. La chanson populaire grecque d'une classe sociale: le sous-prolétariat des centres urbains*. Paris, Centre d'Etudes Sociologiques.

————. 1974. "Culture populaire et groupes marginaux: A propos des rebetika grecs", *Les Temps Modernes*, nº331.

FAURE, Alain. 1980. *Paris, Carême — Prenant*. Paris, Payot.

FRADIQUE, Teresa e JERÓNIMO, Rita. 1994. "O fadista enquanto artista", in: BRITO, Joaquim Pais de (dir.). *Fado: vozes e sombras*. Lisboa (Museu Nacional de Etnologia), Lisboa 94/Electa.

GALLOP, Rodney. 1961 [1936]. "The fado", in: *Portugal: A Book of Folk-Ways*. Cambrige, Cambrige University Press.

LEAL, João. 1999. "Saudade, la construction d'un symbole. 'Caractère national' et identité nationale", *Ethnologie Française*, XXIX, 2, p.177-89.

LOPES-GRAÇA, Fernando. 1973 [1931]. "A Severa não morreu...", in: *Disto e daquilo*. Lisboa, Cosmos.

MACHADO, A. Victor. 1937. *Ídolos do fado*. Lisboa, Tipografia Gonçalves.

MOITA, Luis. 1936. *O fado, canção de vencidos*. Lisboa, s/ed.

MONTEIRO, João. 1952. *A Estrada de Sacavém*. Lisboa, «Amigos de Lisboa».

OLIVEIRA, Venceslau. s/d [≅ 1924]. *Alma de fadista: Romance da vida boémia*, 3 vols. Lisboa, Nunes de Carvalho.

ORTIGÃO, Ramalho. 1970 [1878]. "O fadista", in: *As farpas*, vol.VII. Lisboa, Clássica.

OSÓRIO, António. 1974. *A mitologia fadista*. Lisboa, Livros Horizonte.

PALMEIRIM, Luis Augusto. 1879. "O fadista", in: *Galeria de figuras portuguesas*. Porto e Braga, Ernesto Chardron.

PEIXOTO, Rocha. 1897. "O cruel e triste fado", in: *A terra portuguesa*. Porto, Livraria Chardron.

PIMENTEL, Alberto. 1989 [1904]. *A triste canção do sul: subsídios para a história do fado*. Lisboa, Dom Quixote.

REVAULT D'ALLONES, Olivier. 1973. *La création artistique et les promesses de la liberté* (cap.VI: "L'art contre la société. Une culture dominé: le rebetika"). Paris, Klincksick p.143-78.

SABUGOSA, Conde de. s/d [l894]. "O fadista", in: SABUGOSA, C. de e PINDELA, B. de, *De braço dado*. Lisboa, Portugália.

SALAS, Horácio. 1989. *Le tango*, s/1, Actes Sud.

SAMPAIO, Albino Forjaz. 1921 [1911]. *Prosa vil*. Lisboa, Empresa Literária Fluminense.

SANTOS, Vitor Pavão dos. 1987. *Amália: uma biografia*. Lisboa, Contexto.

SÉRGIO, António. 1940. "Prefácio" a FREYRE, Gilberto, *O mundo que o português criou*. Lisboa, Livros do Brasil.

SILVA, Rudolfo Xavier da. 1925. *Crime e prisões*. Lisboa, Instituto de Criminologia.

SOUSA, Avelino de. 1912. *O fado e os seus censores*. Lisboa. Ed. Autor.

TINHORÃO, José Ramos. 1994. *Fado, dança do Brasil, cantar de Lisboa*. Lisboa, Caminho.

ZUMTHOR, Paul. 1983. *Introduction à la poesie orale*. Paris, Seuil.

————. 1987. *La lettre et la voix*, Paris, Seuil.

A cidade dos velhos

Myriam Moraes Lins de Barros

As lembranças da cidade do Rio de Janeiro para aqueles que nos anos 30 e 40 iniciavam, aí, sua vida adulta assemelha-se ao que Lilian Hellman descreveu como *pentimento*. Ao iniciar o livro com este nome, a autora compara com a pintura em uma tela sua intenção de entender o passado com os olhos do presente, mas sem esquecer que entre um momento e outro há um tempo de transformações. A visão que se tem, então, do passado é dada pelo jogo entre esconder e revelar, deixando entrever traços antigos que ora sobressaem, ora são esmaecidos pela pátina do tempo.

> À medida que o tempo passa, a tinta velha em uma tela muitas vezes se torna transparente. Quando isso acontece, é possível ver, em alguns quadros, as linhas originais: através de um vestido de mulher surge uma árvore, uma criança dá lugar um cachorro e um grande barco não está mais em mar aberto. Isso se chama pentimento, porque o pintor se arrependeu, mudou de idéia. Talvez se pudesse dizer que a antiga concepção, substituída por uma imagem ulterior, é uma forma de ver, e ver de novo, mais tarde.
>
> Essa é a minha única intenção a respeito das pessoas neste livro. A tinta ficou velha, e quis ver como me pareciam antigamente, e como me parecem agora (Hellman, 1981:1).

Esta imagem emprestada da apreciação da pintura leva a outra imediatamente conseqüente: a da visão como sentido privilegiado da sociedade contemporânea. Autores clássicos como Simmel e Benjamin são freqüentemente citados quando pretendemos tratar da relação entre o indivíduo e a metrópole, e, neles, o olhar é visto como uma característica singular da sociedade moderna, que tem na metrópole sua expressão e realização. O tema do olhar aparece ressaltando a relação entre os habitantes das metrópoles e destes com as paisagens urbanas. Em

Benjamin, o *flâneur*, seu homem citadino, se expõe nas galerias e ruas de Paris aos olhares dos passantes como uma mercadoria (Benjamin, 1985). No "Ensaio sobre a sociologia dos sentidos", Simmel (1991) afirma que o olho, entre os órgãos especiais de sentido, realiza uma ação sociológica particular. Não só em textos como "A psicologia do coquetismo" (Simmel, 1993), onde o olhar é fundamental na análise da reciprocidade de ações, mas quando associa o individualismo qualitativo à metrópole, Simmel aponta a importância conferida pelo indivíduo à sua aparência extravagante e única. O olhar dos outros é, assim, essencial no contato entre os habitantes nas metrópoles, e a preocupação de cada um em se mostrar inigualável é uma das formas de preservação de sua auto-estima, uma das formas de se proteger dos inúmeros estímulos que o *blasé* sofre na metrópole.

Tomando estes autores clássicos e análises atuais sobre modernidade e metrópole, Carvalho (1996-97) aponta o imbricamento entre o sentido de modernidade, a metrópole e a percepção sensorial. Para ele os sentidos têm uma história e, se o olhar é próprio da modernidade, ele "não é somente o produto do *ethos* particular da *modernité*, afirmando e destacando suas características, mas ele também auxilia na compreensão da sensibilidade, do sentido e do espírito desta época (*Zeitgeist*)" (Carvalho, op. cit.: 129). A mesma compreensão sobre o sentido visual tem a proposta de Constance Classen (1997) para elaborar os fundamentos de uma antropologia dos sentidos. Em seu artigo Classen volta-se para os séculos XVIII e XIX e para a ciência deste período a fim de compreender a proeminência da visão na sociedade moderna. É nesse momento que se constrói a metáfora do olhar arguto e penetrante do sábio para se reportar à aquisição do conhecimento. No século XX o desenvolvimento tecnológico, aprimorando as invenções técnicas visuais ocorridas no século anterior, exacerba o papel da visão nesta sociedade.[1]

Não só se percebe a importância da visão na sociedade moderna e contemporânea como a metáfora do olhar é amplamente utilizada nos estudos sobre cidade.[2] Porém, mais do que comparar a análise da realidade urbana com o sentido da visão, trata-se, também, de entendê-la a partir da exorbitância de imagens que enchem o espaço das cidades modernas. A atenção de autores de diferentes áreas de conhecimento é dirigida especificamente para o aspecto visual, que, em sua expressão máxima, define a própria metrópole contemporânea. Monumentos, cartazes, paisagens pintadas em prédios, grafites, propagandas cobrindo fachadas, imagens móveis e luminosas, cores, luzes e realidades virtuais geram cidades-monumentos, alegorias e simulacros da realidade que, como os antigos panoramas, oferecem uma imagem simulada da realidade urbana, pretendendo passar por ela.[3]

O olhar, entretanto, modifica-se com sucessivas aproximações que fazemos da realidade. As grandes paisagens informam realidades não detalhadas onde as minúcias cotidianas não podem ser captadas. É a observação dos detalhes nas grandes cidades que nos permite compreender que a nossa visão é uma entre muitas e que só a fineza da observação é capaz de compreender os olhares que se cruzam e que dão sentido às ações entre os indivíduos.[4]

Na análise das narrativas de história de vida coletadas durante as pesquisas sobre memória e uso do espaço urbano pelos segmentos mais velhos da população no Rio de Janeiro, percebemos que idosos entrevistados elegem determinados aspectos da vida social para interpretar as mudanças culturais e físicas na cidade e constróem a representação de um processo de transformações a partir da proeminência da visão como o sentido mais eficaz para exprimi-las.[5] As entrevistas de história de vida foram realizadas, sobretudo entre 1992 e 1996, com 48 pessoas entre 64 e 90 anos, havendo, porém, uma concentração na faixa entre 70 e 79 anos. Os entrevistados compõem um conjunto heterogêneo de pessoas. São 17 homens e 31 mulheres com posições sociais desiguais na hierarquia social, embora neste aspecto haja também um número maior de pessoas nos diferentes segmentos das camadas médias; os perfis profissionais são variados assim como os bairros em que moram, definindo, enfim, status e prestígio diferenciados na sociedade. A construção da imagem da cidade realizada pela narrativa da memória, embora partindo de pontos de vista diferentes que dizem respeito ao lugar social que o(a) narrador(a) ocupa e ocupou ao longo de sua trajetória de vida, acaba convergindo para alguns pontos comuns que permitem pensar o universo investigado como parte de uma geração que viveu situações sociais próprias e distintas de outras faixas etárias. A importância da cidade se faz sentir nas lembranças não como uma entidade em abstrato, mas como experiência de vida. Esta experiência recorta a cidade em pedaços, fazendo de um bairro, de brincadeiras de crianças, de jogos de futebol em terreiros baldios do subúrbio do Rio, a própria cidade.

Mas viver no Rio de Janeiro, capital da república até 1960, traz mais do que vivências fragmentadas do espaço para se reportar à cidade. Experimenta-se aqui, também, o que Margarida Neves conceitua como capitalidade[6]. Nas lembranças o Rio de Janeiro é a cidade-capital que exerce um fascínio que vai muito além de sua vida política. A cidade-capital está presente nos monumentos exibidos como cartão-postal, nas novidades culturais e técnicas, na moda, na moralidade distinta das cidades pequenas. Neste sentido é que uma das entrevistadas fala de seu aprendizado na vida da grande cidade. Eliane, 72 anos, moradora em Jacarepaguá na Zona Oeste da cidade, recorda-se da moça do interior que chega a grande cidade atraída pelas possibilidades de mercado de trabalho e não consegue compreender seus códigos morais. Os padrões de sociabilidade e interação são distintos daqueles da pequena cidade em que nasceu, mesmo esta se situando a algumas horas do Rio de Janeiro. Ela descreve seus esforços para assimilar os padrões de comportamento das moças do Rio, dizendo que, só assim, conseguiu fazer amigos e namorar. Quando as lembranças retornam ao período anterior à migração para o Rio,[7] a cidade é vista como o pólo de atração positivo, ostentando os valores da modernidade.

Enquanto no depoimento acima o tema desenvolvido é o comportamento e a moral, em outros a ênfase recai sobre as possibilidades de ascensão social, as melhorias das condições de vida, as condições mais favoráveis de educação e o lazer refinado e vanguardista que a cidade podia propiciar (são inúmeras as recordações de migrantes e cariocas natos das óperas no Teatro Municipal, mesmo que não pudessem freqüentá-las, dos teatros, sobretudo os teatros-revista e do cinema). Anos mais tarde, Antônio Torres descreve um deslumbramento semelhante ao dos entrevistados, quando, aos 20 anos, saindo da Bahia para São Paulo, faz uma escala no aeroporto Santos Dumont e, de lá, aprecia a cidade:

> ... Descer no Rio havia sido uma bênção. Para seus ouvidos para suas pernas, seus olhos. Assim o vejo: olhando a cidade por trás dos vidros que o enjaulavam no saguão do aeroporto, enquanto aguardava a chamada para o embarque ... já que não conseguia sair, contentou-se a olhar a distância a cidade que só conhecia de prosa e verso, cinema e canções. E tudo nela, que vinha dela o fascinava. E dava medo. O Rio era a Corte — dos sabidos e malandros (Torres, 1996:8).

Há, assim, uma comparação implícita nas descrições do Rio-capital. Para uns, em alguns momentos do relato da história de vida, a cidade ou região natal é tomada para comparação. O Rio de Janeiro ou um de seus bairros aparece também nessas narrativas e corresponde ao lugar em que se viveu o impacto do novo da grande cidade, quando tudo indicava que as expectativas nutridas bem longe desta cidade seriam satisfeitas. Uma das entrevistadas, Ilma, dona de casa de 73 anos, refere-se, assim, à sua chegada no Rio:

> Copacabana ficou muito na minha lembrança porque significou a partida de Fortaleza para uma cidade muito maior. Apesar de ter vindo muito pequena, com 7 anos, o Rio significava uma cidade muito maior, uma cidade muito mais importante, uma cidade cheia de atrações. Então ficou muito marcado Copacabana.

Mas este recorte de tempo é encoberto por outro. Como nas lembranças do passado é o tempo presente que define o caminho das recordações, vemos que há para todos os entrevistados um outro par de comparação: a cidade atual e o Rio de Janeiro dos anos 30 e 40. Estas décadas correspondem, na trajetória de vida dessas pessoas, à entrada na vida adulta, momento de escolhas e início da vida profissional, do casamento e nascimento dos filhos. O modo de vida na cidade desse tempo contrasta com o viver no Rio de Janeiro de hoje, tomado, então, como parâmetro. A violência sentida nas ruas, nas barreiras criadas pelas novas tecnologias (os caixas eletrônicos nos bancos, por exemplo), no desamparo das políticas públicas, nas transformações sociais que se dão nas interrelações nos espaços público e privado organizam o tempo e o espaço de forma a reduzi-los em dois: um tempo e uma cidade do passado, a cidade maravilhosa, e o Rio de Janeiro atual, visto e sentido através do que Soares (1995) denomina a cultura do medo. Neste confronto, o Rio de Janeiro do passado encarna a cidade possível, com condições de habitabilidade e promessas de progresso. Algumas vezes, nesses exames, são evocadas imagens que caracterizariam cidades pequenas na tentativa de enfatizar os aspectos negativos do presente. Cadeiras nas calçadas, a solidariedade da vizinhança, o respeito à ordem instituída, o saber seu lugar na hierarquia social, as possibilidades de idas e vindas no espaço da cidade sem sustos e preocupações são alguns aspectos lembrados e emoldurados com um tom interiorano mais perto das representações das pequenas cidades de onde muitos vieram. Aqui a valorização da cidade moderna cede lugar à exaltação de uma paisagem idílica de um mundo onde as relações face a face prevaleciam, a emoção e o coração contrastariam com a racionalidade e, como diz Simmel (1967), com a atividade mental "menos sensível e bastante afastada da zona mais profunda da personalidade" (p.13). Através destes contrastes são construídas teorias nativas sobre a cidade moderna, reproduzindo, a seu modo, argumentos sociológicos que na primeira metade deste século estiveram presentes na interpretação da vida urbana.[8]

As imagens misturam-se aos sons, aos odores, à sensação de frio e calor, construindo, assim, o quadro das lembranças de uma cidade. O lugar, nos diz Halbwachs (1990) é fundamental para situar nossas recordações e nossos sentimentos. Sem a dimensão do espaço ficaria difícil recordar. Mas esse espaço, esse lugar, embora lembrado em diversas dimensões, é tomado de forma básica pelo olhar. Como discernir a importância do sentido da visão se os outros estão também presentes quando as pessoas lembram de seu passado?

O relato de Anita, 77 anos, moradora no Méier (Zona Norte), sobre o Centro do Rio de Janeiro da década de 40, época em que trabalhava como costureira em uma confecção famosa, mostra como o olhar é fundamental para construir o lugar do passado. Isto se dá não porque são utilizados processos mnemônicos como os de Matteo Ricci (Spence, 1986), mas porque, ao falar de suas recordações, Anita chama o ouvinte a caminhar com ela e a centralizar a atenção em cenários indicados, como em um filme que limita a visão às cenas expostas na tela. Ela nos guia pelas ruas, situa-nos em uma época em que não vivemos. A impressão, ao ler e reler a narrativa, é que ela estimula a percepção e representação visual mais do que os outros sentidos. "À direita, a Confeitaria Colombo, à esquerda, do outro lado da rua, aquela casa de roupas para crianças." Há sons, mas a visão móvel do espaço é que dá o tom das lembranças. A descrição do Centro da cidade é feita a partir de uma ótica própria, a da mulher trabalhadora que seleciona o que olha e nos chama atenção para o que considera importante. A familiaridade com esse espaço, que acredita também do ouvinte/leitor, faz com que os nomes de ruas, lojas e confeitarias apareçam com os personagens adequados a cada espaço narrado.

> Tudo era na [rua] Gonçalves Dias, a rua mais chique que tinha. A rua do Ouvidor era chique também, mas não era esse negócio de moda, não. Trabalhei muito pra [loja] São João Batista. Era na [rua] Sete de Setembro, em frente à [confeitaria] Cavé ... Eu entrava na [confeitaria] Colombo mas era para beber água, de tão chique que era. Na hora do almoço o pessoal ia lá, orquestra de violino. Eles não deixavam a gente entrar. Ficava só olhando. Agora a Colombo virou supermercado.[9] Mas antigamente, não. Aqueles homens bacanas. Aqueles homens riquíssimos. Eles usavam aqueles relógios com aquelas correntes ... Eu trabalhava no nº 18. Em frente tinha aquela loja de balas caras, eu nem sei se existe ainda ... Na Gonçalves Dias só era mais rampeira: as costureiras que trabalhavam ali e os empregados ... Naquela época a gente não andava sem meias. Os homens de chapéu. Tinha uma loja ali na Gonçalves Dias, quase chegando ao Mercado das Flores, na esquina da rua do Rosário.

Assim como Anita, outros entrevistados descrevem com igual densidade e caracterização os diferentes espaços da cidade. Com Newton, 75 anos, oficial do exército reformado e antigo morador de Copacabana, percorremos a avenida Atlântica, na década de 40, em um *footing*, situação em que o olhar é absolutamente essencial nas tentativas de aproximação entre homens e mulheres. Moradores de distintos quarteirões são reconhecidos (visualmente) de acordo com a numeração dos postos de salvamento do Corpo de Salva-Vidas na praia de Copacabana, código de referência espacial comum aos moradores dos bairros litorâneos e aos freqüentadores das praias até os dias de hoje.

> Ah, os famosos *footings*. Tinha em Copacabana, tinha no Flamengo. Então ficavam as garotas ali e os rapazes por ali, olhando, fazendo *footing*, olhando. Então vinha a paquera.

Ilma, esposa de Newton, completa o depoimento:

> Agora o *footing* em Copacabana, quer dizer, na avenida Atlântica era o ponto. Então as pessoas já sabiam que aquela moça, aquele rapaz é do Posto 3, aquela família é do Posto 5, aquela família é do Posto 2. Quer dizer, as pessoas muitas vezes não se falavam mas se conheciam daquele passeio, ali à beira-mar.[10]

As mudanças na cidade são verificadas nas transformações dos espaços e dos costumes apreendidas por um olhar que não consegue mais reconhecer a cidade como sua, trazendo não só estranhamento mas insegurança.[11] Pergunta-se direta e indiretamente: "quem sou nesta cidade?"; ou "que lugar é este que não reconheço mais?" Como os marcos espaciais são apoio nas recordações para se construir uma memória coletiva, as identidades construídas em referência a eles acabam perdendo seu significado. O reconhecimento da importância desses marcos faz parte da linguagem, código comum a esse universo de pessoas. O desaparecimento de lugares, antes fundamentais para a localização espacial, e sempre citados, como o Tabuleiro da Baiana e o Palácio Monroe no Centro da cidade,[12] divide agora, também, o tempo: o do Rio de Janeiro de ontem e o de hoje. A percepção da divisão temporal é revelada pela amplidão da visão da cidade que se perdeu. Emílio, 65 anos, morador de Irajá (Zona Norte), lembra do Centro da cidade, visualizando um amplo panorama visto da janela do prédio em que trabalhava e que foi encoberto, aos poucos, depois da Segunda Guerra.

> Antigamente as construções eram horizontais. Tinham, no máximo, três andares. Então a gente via a cidade toda. Hoje em dia, aquele monte de prédios, chamados arranha-céus, tirou aquela visão panorâmica que a gente tinha.

A versão de Emílio sobre o Centro da cidade traz a experiência de vida de uma geração que acompanhou suas mudanças e que construiu uma representação do Centro como o pólo econômico, político e cultural do país.[13] O que se assiste de sua janela na década de 40 corresponde à segunda grande transformação do Centro da cidade. A primeira ocorrida no início do século, conhecida como Reforma Pereira Passos (1903-6), embora ampliada para outras regiões da capital, modificou, sobretudo, a paisagem da área central. A destruição de antigas construções coloniais que existiam nas ruelas tortuosas do Centro, o "bota-abaixo", abriu espaço para a avenida Rio Branco, onde se concentrou, desde então e durante muito tempo, a vida política, econômica e cultural da cidade e do país. A avenida Rio Branco parte do cais do porto na praça Mauá, também reformado no período Pereira Passos, e desemboca na atual praça Mahatma Gandhi, cercada por um conjunto arquitetônico formado pelo Teatro Municipal, Museu Nacional de Belas Artes, Biblioteca Nacional, construídos na época da grande reforma do início do século, pela Câmara Municipal do Rio de Janeiro (Palácio Pedro Ernesto de 1923) e pelos prédios surgidos a partir de 1920, que abrigaram os grandes cinemas do Rio.[14] Esta última face da praça compõe a Cinelândia, como é denominada a mancha[15] de cinemas e bares, hoje objeto das recordações dos entrevistados e tema das crônicas sobre o Rio de Janeiro dos anos 40 e 50. Entre 1937 e 1945, o Centro do Rio de Janeiro sofria outra grande reforma.

> Com efeito, o Estado Novo marcou profundamente a forma-aparência da área central da cidade. Datam desse período a construção do Aeroporto Santos Dumont (em aterro) e a urbanização da Esplanada do Castelo — ainda vazia de construções, e que passaria a abrigar as sedes de vários Ministérios da República, todas elas construídas em estilo monumental, como que numa tentativa de afirmação de poder por intermédio da arquitetura (Abreu, 1999:113).

Maurício de Abreu coloca, entretanto, a atuação mais efetiva do Estado na abertura da avenida Presidente Vargas, em um processo semelhante ao que ocorrera no início do século com demolições e expulsão da população pobre dessa área. A larga linha reta aberta na década de 40 corta, transversalmente, a avenida Rio Branco, chegando às costas da monumental Igreja da Candelária.

Esses pontos do Centro da cidade falam de um momento histórico fundamental do país. Nas décadas de 40 e 50 suas transformações eram sentidas ali por todos aqueles que, como os entrevistados, viveram o processo de industrialização e urbanização. Estes são lugares de memória para o universo de pessoas que trabalhou durante anos em escritórios, repartições públicas, jornais, lojas e confecções, enfrentando as dificuldades de transporte, experimentando a sensação da multidão nas ruas, participando de e presenciando movimentos políticos. José, 80 anos, funcionário público aposentado descreve, por uma perspectiva peculiar, fatos da revolução de 1930 e do início do Estado Novo em 1937:

> Aí em 27 de outubro de 1930 eu estava na cidade. Quando cheguei no Largo de São Francisco para pegar o bonde para vir para casa, eu vi um aglomerado; os bondes, todos, recolhendo. Quando eu vi, todo mundo começou a correr em direções diferentes. Aí ouvi um comentário: a Polícia Militar estava dentro do Campo de Santana atacando o Quartel

> General do Exército. Eu também corri. Sem condução, eu tinha que ir para casa em São Cristóvão a pé. Comecei a caminhar pela rua do Senado para sair pela retaguarda. Mas quando eu ia chegando na avenida Gomes Freire, pertinho da rua do Senado, escutei tiros. Passou um carro de bombeiros, tudo de metralhadora na mão. O pessoal correu para dentro das lojas e as lojas fechando com trancas de aço. E aquele tiroteio.

Recorda-se do ano de 1937 como testemunha ocular dos acontecimentos nacionais:

> O Estado Novo foi implantado em novembro de 1937. Aliás, eu assisti quando foi a implantação. Por acaso eu estava na cidade e vi quando o Exército cercava a Câmara.

Mas é o cinema que sintetiza, para essa geração, um modo de vida construído pela associação de valores da modernidade: o progresso vislumbrado na tecnologia, a valorização do lazer em espaços públicos, as novas formas de sociabilidade urbana para homens e mulheres, a exaltação do moderno e do novo nos comportamentos e nos aparatos urbanos. Também nos anos 40 a região em torno do final da avenida Rio Branco é remodelada. Ruas são abertas com demolições, outras alargadas.

> Em seguida, foi alargada a rua Treze de Maio, abrindo o espaço que circunda o Teatro Municipal. As vizinhanças da Cinelândia ficaram mais amplas, e os bares puseram mesas nas calçadas ... Com a demolição do prédio da Imprensa Nacional, amplia-se o largo da Carioca, surgindo o "Tabuleiro da Baiana", que passou a abrigar os terminais de ônibus.[16]

Sem dúvida, o cinema é a forma de lazer mais evocada pelas lembranças. Aqui os depoimentos dos entrevistados, amantes anônimos do cinema, misturam-se aos de cronistas e dividem com os paulistanos a memória do aprendizado de uma nova linguagem tanto visual como das relações sociais.[17] Quando falam do cinema, lembram-se dos filmes, da familiaridade aprendida com um estilo de vida e com a moda ditada por artistas nacionais e internacionais, sobretudo norte-americanos; mostram como aprenderam a lidar com a expressão das emoções que ora levavam os homens e as mulheres às lágrimas, ora liberavam comportamentos irreverentes e jocosos dos mais jovens, justamente nas cenas mais tensas dos filmes dramáticos. A participação mais ruidosa com risos, gritarias e torcidas ocorria na segunda classe dos cinemas mas, sobretudo, nos poeiras, cinemas de preço mais baixo, nem sempre perfeitamente escuros e apropriados para as exibições e com uma clientela pouco familiar, como recordam alguns entrevistados e cronistas.

José Tavares de Barros fala de suas experiências em cinemas na Tijuca, bairro de classe média da Zona Norte do Rio:

> Na mesma calçada da praça, direção Centro-bairro, logo após o Café Palheta, o Tijuquinha, poeira, sem ar refrigerado, nenhuma solenidade no hall repleto de cartazes. O cinema simplesmente reprisava os sucessos dos circuitos lançadores, entre outros o formado pelo São Luís, Rian, Vitória, Carioca. Lembro do Tijuquinha pelos preços camaradas: "meia" e "estudante" a mil e cem, enquanto os cinemas grã-finos cobravam três e trezentos (Barros, 1986:90).

A popularização do cinema torna-se clara com o número significativo de cinemas por todos os bairros da cidade. Na década de 40, em um mesmo bairro do subúrbio, poderia haver quatro cinemas e os moradores costumavam freqüentá-los duas a três vezes por semana:

> Eu ia normalmente três vezes por semana ao cinema porque tinha um cinema que mudava de programa três vezes e, apesar de ser um cinema de piores condições que este do Campo de São Cristóvão, ele passava filmes melhores e era mais barato o ingresso, então eu ia lá.

Essas salas contrastavam nitidamente com os cinemas da Cinelândia e com outros construídos nos bairros de camadas médias, que ostentavam luxo e conforto com potentes aparelhos de ar condicionado, cadeiras estofadas e banheiros revestidos de mármore. O cinema é visto como detonador de transformações do comportamento das mulheres das camadas médias, sobretudo das jovens que podiam freqüentar com amigas as sessões das tardes de sábado e domingo sem a vigilância severa dos pais. Ir ao cinema e lanchar passou a fazer parte dos programas de fim de semana para as mulheres e os homens, tão obrigatório e ritualizado como ir à missa dominical e, ao mesmo tempo, tão próximo às formas de sociabilidade como aos chás dançantes nos clubes onde a dança favorecia as aproximações físicas e os namoros.

A importância do cinema para a cidade nessa época é encontrada em inúmeros depoimentos. O tom oficial com que os entrevistados recordam de eventos ligados aos cinemas insere essas experiências em um quadro político mais amplo. Os narradores reforçam a centralidade do cinema como lazer recorrendo à ênfase dada pelo discurso oficial a esse espaço social, mostrando com isto o quanto a ideologia getulista soube fazer uso dessa nova e ampla forma de lazer. Um dos narradores lembra da inauguração do cinema Carioca, no Centro.

> Eu estava no tiro-de-guerra. Na inauguração, eles tocavam o Hino Nacional. Ali, eu fui um dos que hasteou a bandeira.

O mesmo tratamento especial encontra-se na história descrita por Gilberto Ferrez sobre o cinema Pathé na Cinelândia.

> A casa Marc Ferrez nunca exibiu filmes de Walt Disney, exclusivo da firma Severiano Ribeiro. Porém, ao ser lançada a obra-prima de Disney, *Fantasia*, ele veio pessoalmente abrilhantar o lançamento ... *Fantasia* foi lançado com a presença oficial do presidente da República, Dr. Getúlio Vargas (Ferrez, 1986:37).

*

O cotidiano das dificuldades, do trabalho cansativo, das apreensões quanto ao futuro, das desigualdades de oportunidades acaba sendo esmaecido quando os velhos entrevistados comparam esses anos com a atualidade. As lembranças trazem o deslumbramento com a modernidade deste momento e constroem a idéia de uma cidade que conseguia conjugar a afetividade com a abertura para novidades tecnológicas, para novas formas de sociabilidade, para uma nova linguagem de apreensão da realidade trazida pela familiaridade com o cinema. Quando falam de saudades dos cinemas, parecem referir-se aos projetos sociais e individuais não satisfeitos, à sociedade atual que os põe de lado como velhos e a uma tecnologia que não conseguem mais acompanhar. As recordações dos idosos também nos alertam contra uma sociedade capaz de destruir os quadros sociais da memória. Tão temeroso e nostálgico quanto os entrevistados, Carlos Drummod de Andrade lastima o fim dos cinemas que costumava freqüentar, ciente de que a memória social tende a sumir com o desaparecimento de seus marcos espaciais.

> Quem não sentiu a perda de um cinema freqüentado durante anos tem memória nublada ou coração de pedra (Andrade, 1986:108).

Notas

1. Buscando em Lévi-Strauss e Marshall Mcluhan os precursores da antropologia dos sentidos, a autora refere-se, entre outros, ao trabalho de Seeger sobre os índios Suyá de Mato Grosso. Seeger, ao analisar as categorias nativas que dão as bases da classificação do espaço, do tempo, dos animais, da comida, de seus corpos e de si mesmos, mostra a superioridade dos sentidos da audição e do olfato no sistema classificatório Suyá (Seeger, 1981).

2. São exemplos os trabalhos importantes sobre a questão urbana e a cidade, como os de Pechman (1994) e Ferrara (1993).

3. A propósito das imagens virtuais e dos panoramas ver Parente (1997).

4. Não se pode deixar de referir-se aqui ao trabalho de Clifford Geertz quando é exatamente o exemplo da apreensão dos significados dos olhares que é tomado para definir o trabalho antropológico e o conceito de cultura como uma rede de símbolos e significados construída pelos homens (Geertz, 1978).

5. No período de 1992 a 1996 as pesquisas foram realizadas com apoio do CNPq.

6. Margarida Neves (1991) desenvolve o conceito de capitalidade, operando-o na compreensão da construção física e simbólica do Rio de Janeiro do início do século XX como capital que metonimicamente simboliza o país.

7. O aumento populacional nas décadas de 30 e 40 se dá, em grande parte, pelo fluxo migratório que tem no crescimento industrial da cidade um dos fatores de atração de mão-de-obra de outros estados (ver Abreu, 1999).

8. Estou fazendo referência, basicamente, a autores da Escola de Chicago como Park e Wirth, cujos textos encontram-se na coletânea referida na nota 16, e Robert Redfield, que desenvolveram interpretações da cultura e da vida urbana, sobretudo da metrópole, apresentando-a como diferente e oposta ao mundo rural, à sociedade folk, à pequena tradição ou às pequenas cidades, categorias que informam o lado contrastivo à metrópole moderna conforme diferentes paradigmas de análise.

9. O que Anita pretende dizer com a afirmação sobre a transformação da famosa Confeitaria Colombo em um supermercado é que este espaço deixou de significar um símbolo claro de distinção de classe e não tendo se tornado, de fato, um supermercado, uma igreja pentecostal ou um banco como ocorreu, recentemente, com a própria Confeitaria Colombo de Copacabana.

10. Sobre Copacabana ver o artigo de Gilberto Velho neste livro e, do mesmo autor, *Utopia urbana* (1973).

11. Halbwachs (op.cit) diz que a "estabilidade dá a imagem apaziguante da continuidade" (p.132).

12. O Palácio Monroe situava-se no final da avenida Rio Branco, perto do Passeio Público. Seu prédio era uma reprodução do Pavilhão do Brasil na Feira Internacional

de Louisiana de 1904, do qual aproveitou grande parte do material. Inaugurado em 1906, serviu de sede para a Terceira Conferência Pan-Americana nesse mesmo ano. Em 1922 funcionou, ali, a Comissão Executiva da Exposição do Centenário da Independência. De 1925 até a ida da capital da República para Brasília, foi ocupado pelo Senado Federal e depois pelo Estado Maior das Forças Armadas. Na década de 70 foi demolido em razão das obras do Metrô. O "Tabuleiro da Baiana" foi o nome dado ao local dos terminais dos bondes e, depois, dos ônibus criado com a ampliação do Largo da Carioca na década de 40. Nos próprios depoimentos há a recorrência sobre a origem do nome que parece ter surgido pela associação entre a forma da plataforma do terminal sustentada por colunas e um tabuleiro, associação enriquecida pela canção "No tabuleiro da baiana" de Ari Barroso, popularizada, na época, por Carmem Miranda.

13. Em outro trabalho apresento a representação do centro da cidade do Rio de Janeiro como lugar de memória (Lins de Barros, 1995).

14. Com o fechamento do cinema Odeon no mês de abril de 1999, só restou, na Cinelândia, um dos cinemas construídos na década de 20 por Severiano Ribeiro.

15. Como Magnani, emprego a categoria "mancha" para me referir a "uma implantação mais estável tanto na paisagem como no imaginário" de equipamentos com características específicas que acabam tornando-se referência física e simbólica (Magnani, 1996).

16. *Nosso século*, 1980:94.

17. Ver Bernardo, 1998.

Referências Bibliográficas

ABREU, Maurício de A. 1997. *Evolução urbana do Rio de Janeiro*. Prefeitura da cidade do Rio de Janeiro/Secretaria Municipal de Urbanismo/Iplanrio, 3ª ed.

ANDRADE, Carlos Drummond de. 1986. "Os cinemas estão acabando", *Filme Cultura*, nº47. Funarte, p.108.

BARROS, José Tavares. 1986. "Do ritual de abertura à emoção dos seriados", *Filme Cultura*, nº47, Funarte, p.90.

BENJAMIN, Walter. 1985. "Paris, capital do século XIX" in: Kothe, Flávio R. (org.) *Walter Benjamin*. São Paulo, Ática.

BERNARDO, Teresinha. 1998. *Memória em branco e negro: olhares sobre São Paulo*. São Paulo, Educ/Fapesp/Ed.Unesp.

CARVALHO, Sergio Lage T. 1996-97. "A saturação do olhar e a vertigem dos sentidos", *Revista USP*, nº32, dez/jan/fev.

CLASSEN, Constance. 1997. "Fondements pour une anthropologie des sens", *Revue Internationale des Sciences Sociales*. UNESCO/érès, nº153, setembro.

FERRARA, Lucrécia D'Alessio. 1993. *Olhar periférico*. São Paulo, Edusp/Fapesp.

FERREZ, Gilberto. 1986. "Pathé: 80 anos na vida do Rio", *Filme Cultura*, nº47. Funarte.

GEERTZ, Clifford. 1978. "Uma descrição densa: por uma teoria interpretativa da cultura", in: *A interpretação das culturas*, Rio de Janeiro, Zahar.

HABWACHS, Maurice. 1990. *A memória coletiva*. São Paulo, Vértice.

HELLMAN, Lilian. 1981. *Pentimento. Um livro de retratos*. Rio de Janeiro, Francisco Alves.

LINS DE BARROS, Myriam Moraes. 1995. "O passado no presente: aos 70 falando do Rio de Janeiro", *Cadernos de Antropologia e Imagem*, nº4, Rio de Janeiro, NAI/UERJ.

MAGNANI, José Guilherme. 1996. "Quando o campo é a cidade: fazendo antropologia na metrópole", in: MAGNANI, J.G. e TORRES, L. de Lucca (orgs). *Na Metrópole. Textos de antropologia urbana*. São Paulo, Edusp/Fapesp.

NEVES, Margarida de Souza. 1991. "Brasil, acertai vossos ponteiros", in: *Brasil, acertai vossos ponteiros*. Rio de Janeiro, Museu de Astronomia e Ciências Afins.

————. 1980. *Nosso século. 1930/1945. A era de Vargas*. São Paulo, Abril Cultural.

PARENTE, André. 1997. "Cibercidades", in: *Lugar Comum — Estudos de mídia, cultura e democracia*, NEPCOM/ECO/UFRJ, nº2/3.

PECHMAN, Roberto (org.). 1994. *Olhares sobre a cidade*. Rio de Janeiro, Editora UFRJ.

SEEGER, Anthony. 1981. *Nature and Society in Central Brazil. The Suya Indians of Mato Grosso*. Cambridge/Londres, Harvard University Press.

SIMMEL, Georg. 1967. "A metrópole e a vida mental" in: VELHO, Otávio Guilherme (comp.). *O fenômeno urbano*. Rio de Janeiro, Zahar.

————.1991. "Essais sur la sociologie des sens", in: *Sociologie et épistémologie*. Introdução Julien Freund. Paris, PUF.

————. 1993. "A psicologia do coquetismo", in: *Filosofia do amor*. São Paulo, Martins Fontes.

SOARES, Luiz Eduardo. 1994-95. "Criminalidade e violência: Rio de Janeiro, São Paulo e perspectivas internacionais", *Comunicação e Política*, vol.1, nº2, dez/mar.

SPENCE, Jonathan. 1986. *O Palácio da Memória de Matteo Ricci*. São Paulo, Companhia das Letras.

TORRES, Antonio. 1996. *Centro das nossas recordações*. Rio de Janeiro, Relume Dumará.

VELHO, Gilberto. 1973. *A utopia urbana*. Rio de Janeiro, Zahar.

Bairros: contexto e intersecção

Graça Índias Cordeiro e
António Firmino da Costa

Lisboa, os bairros e a cidade

Como qualquer outra cidade, Lisboa possui um conjunto de traços característicos, mais ou menos emblemáticos, que a identificam, alimentando algumas imagens bem conhecidas: banhada pelo rio Tejo, alcandorada sobre sete colinas, cantada pelo *fado*, festejada pelos *santos populares* de junho, possuidora de uns quantos *bairros populares*, pitorescos e típicos, como se de aldeias se tratasse... Esta última imagem de Lisboa enquanto *cidade de bairros* tem sido persistentemente produzida ao longo deste século — e esse facto, só por si, merece algumas considerações.

A festa anual dos santos populares — Santo António, São João e São Pedro —, organizada e financiada pelo governo municipal em estreita colaboração com algumas das múltiplas associações locais, tem contribuído para a consolidação desta imagem de uma cidade polarizada em torno de pequenos núcleos vivenciais, olhados habitualmente como microcosmos residuais de vida comunitária. Os *arraiais* que enfeitam parte das ruas de alguns bairros da cidade velha, e as *marchas populares* que concorrem entre si num desfile ritualizado, representando e encenando as especificidades de cada lugar urbano, não só têm definido uma hierarquia de prestígio entre os bairros participantes destes concursos, como, sobretudo, têm contribuído para a própria produção destes bairros.

Na realidade, esta festa tem ajudado a sedimentar na memória colectiva um conjunto limitado de *bairros populares* que acabam por circular nos variados suportes de informação turístico-lúdica sobre a cidade. Se se perguntar a qualquer lisboeta quais são os *bairros populares* de Lisboa, dirá que são aqueles que vão nas *marchas populares*. *Santos populares* e *bairros populares* confundem-se, assim, no imaginário e no ciclo anual da capital esclarecendo-se mutuamente na sua história e nos seus temas.

Quem representa estes bairros são as *colectividades*, associações voluntárias com uma base social territorial. Em conjunto, produzem as festas, coordenadas, pagas e premiadas pela Câmara Municipal, que organiza variados concursos como forma de obter uma maior participação. Para além de *fazerem a festa*, e de publicitarem o bairro, elas desempenham um papel fundamental na expressão de um certo *bairrismo* local, que se exprime na rivalidade produzida por um sentimento de pertença ao *seu bairro*, exagerado no âmbito dos concursos existentes. No entanto, estas associações também promovem, com intensidades variáveis, outros tipos de sociabilidade *de bairro*: são sedes de estruturação e afirmação de grupos locais, dinamizam actividades lúdicas e/ou desportivas, constituem-se como interlocutoras privilegiadas com o poder autárquico, apropriam-se e definem elementos importantes da memória colectiva local. Algumas destas colectividades de bairro não só participam da vida social quotidiana como contribuem para a (re)criação de uma identidade *de bairro* na construção de uma imagem unitária do bairro, para o exterior, no momento do confronto com outros bairros.

Por estas razões, pode-se afirmar que os *bairros populares*[1] são, actualmente, representações que integram a própria realidade social da cidade, que os instituíu como um dos seus bens patrimoniais mais preciosos. Representam a cidade, a sua memória, a sua história, o seu povo, sintetizam um conjunto de temas e comportamentos culturais específicos de Lisboa, e por isso são considerados *típicos*. *Varinas*, *fadistas*, aguadeiros, vendedores ambulantes, marinheiros, saloios, criados e aristocratas são apenas algumas das figuras *típicas* que *os bairros* trazem para a rua no desfile anual das marchas, invocando igualmente o mar, o rio, as hortas, os pregões, as fontes e os chafarizes, os eléctricos, os mercados...

Mas para além de representarem a cidade, nos temas comuns que actualizam nestas evocações cíclicas, estes bairros representam igualmente realidades contrastadas. De dimensões variáveis, inserem-se, na sua maioria, num continuum urbanizado com séculos de história, revelando diferentes inserções urbanísticas, históricas e administrativas. No plano da significação cultural, possuem uma *unidade temática* (Lynch, 1982:58) feita de características morfológicas, sociais, históricas e até míticas, que reenviam a situações históricas passadas e idealizadas.

No plano da sua existência local, não possuem, contudo, fronteiras territoriais estáveis. São territórios sociais aproximados cuja definição pertence, exclusivamente, ao domínio da tradição oral, já que a menor divisão administrativa e política do território português, rural e urbano, corresponde à freguesia, o que, nas áreas urbanas, não tem, em geral, transposição saliente no plano social e das identidades colectivas. Os nomes dos bairros — que, nalguns casos se assumem como referências locais e que dão aso a comportamentos de rivalidade expressivos — não passam, afinal, de "designações topográficas populares, sem consagração oficial" (Silva, 1930:3).

Assim, os bairros surgem-nos como lugares reais e imaginados, intrinsecamente articulados com outras unidades sociais: desde os pequenos nós de interacção vicinal, informais, por vezes estruturados em redes discretas, ou polarizados em torno de uma rua, de uma associação ou de uma loja; passando pela freguesia, unidade administrativa e política mais ampla, com um conjunto de funções atribuídas na participação da vida social local, ou pela paróquia, unidade territorial eclesiástica não coincidente, muitas vezes, com a freguesia; até um conjunto de instituições de nível municipal, regional ou nacional, com as quais os habitantes interagem. Com efeito, qualquer destas unidades mais ou menos localizadas parecem ser mais facilmente identificáveis do que o bairro, que, à primeira vista, surge como um lugar indefinido, fluido, dificilmente abarcável nas suas fronteiras.

Pode-se, pois, perguntar: será o bairro um lugar intermédio entre essas pequenas unidades de moradores e unidades mais vastas? Ou será uma entidade virtual, não passando de uma tradição inventada e produzida por entidades alheias aos seus habitantes, com um valor simbólico indiscutível para os próprios habitantes embora sem correspondência a outros colectivos localmente estruturados?

Na realidade, essas subregiões urbanas de tamanhos e configurações variáveis, designadas habitualmente por *bairro*, constituem unidades sócio-espaciais problemáticas em si próprias. Permeáveis e, contudo, identificáveis, não só nos ritmos de uma prática social quotidiana etnografável, como também nas imagens resultantes de uma *bricolage* coproduzida endógena e exogenamente; e, sobretudo, como participantes activos na permanente construção cultural das variadas mitografias, imagens e narrativas que cada cidade escolhe para se vestir — os bairros são lugares para se procurar, identificar, inquirir, questionar.

Dois bairros de Lisboa foram objecto de inquirições sócio-antropológicas, nos anos 80 e 90: Alfama, de dimensão relativamente grande, no contexto do núcleo histórico de Lisboa, bem visível e explicitamente patrimonializado desde finais do século XIX, e o minúsculo bairro da Bica, que tem lutado nas últimas décadas para ganhar alguma visibilidade, hoje considerado, a par de Alfama, como *um dos bairros mais típicos de Lisboa*... Com a apresentação destes dois casos, e perante a impossibilidade de desenvolver a descrição e análise integrada relativa a cada bairro,[2] o objectivo deste artigo é apenas o de poder contribuir para uma reflexão sobre unidades territoriais urbanas (Eames e Goode, 1977), escalas de organização local e processos culturais que contribuem para *organização social do significado* (Hannerz, 1992) de uma cidade como Lisboa.

Alfama: paradoxos de uma dupla identidade

Um problema que o bairro de Alfama coloca a quem pretenda estudá-lo numa perspectiva antropológica ou sociológica é, pode-se dizê-lo assim, o do seu "excesso de visibilidade".

Melhor dizendo, trata-se de um desafio, de uma característica que complica a análise, mas que também proporciona acesso a um conjunto de questões interessantes.

Com efeito, Alfama é um bairro muito conhecido. Faz parte do núcleo antigo da cidade de Lisboa. É um dos seus "bairros históricos", ou "bairros populares", como ali é costume chamar-se-lhes. Neste caso, as duas designações sobrepõem-se, mas em muitos outros locais tal não acontece.

Será, porventura, um dos referentes urbanos que mais têm servido para a construção simbólica da "imagem típica" de Lisboa, enquanto cidade de história milenar e enquanto cidade de bairros. Bairros esses, precisamente, que evocam a referida antiguidade e que, ao mesmo tempo, apelam para uma certa imagem da vida popular urbana lisboeta, com estilos de sociabilidade característicos (o estilo "alfacinha", que se vê a si próprio como habilidoso e convivial, solidário e brigão, arguto e sarcástico) e formas culturais próprias (do fado "vadio", cantado informalmente nas colectividades associativas, nos restaurantes e na rua, às "marchas populares" que, pelo verão, desfilam representando os bairros, nas festas da cidade).

Os dois atributos referidos, de "bairro histórico" e "bairro popular", de algum modo resumem os conteúdos da imagem mais habitual, profusamente divulgada, acerca de Alfama. Imagem essa que, no entanto, é produzida em larga medida por um conjunto de discursos de origem exógena ao bairro — questão fundamental a que importa regressar.

Alfama localiza-se na faixa ribeirinha da capital, na encosta que desce do Castelo de São Jorge até às margens do Tejo. Esteve marcada, ao longo dos tempos, por um conjunto de actividades marítimas, portuárias, alfandegárias, e por outras, muitas vezes ligadas àquelas, de carácter mais ou menos marginal.

A malha urbana do bairro remonta ao período da dominação muçulmana. Embora destruído, como grande parte de Lisboa, pelo terramoto de 1755, voltou a erguer-se segundo o tipo de traçado original, composto por becos, vielas e escadinhas — ao contrário do que aconteceu com a reconstrução rectilínea, de inspiração iluminista, do centro político e monumental da cidade, conhecido por "baixa pombalina".

Essas marcas histórico-urbanísticas estão, aliás, presentes de maneira central na grande variedade de discursos através dos quais Alfama tem vindo a ser constituída, de maneira recorrente, numa das referências emblemáticas de Lisboa. Praticamente não têm conta os textos que fazem menção ao bairro, sejam eles análises históricas, estudos geográficos, ensaios arquitectónicos, inventários patrimoniais, recolhas etnográficas, artigos jornalísticos.

Alfama aparece também, com muita frequência, na literatura, na pintura, no desenho, na música, no cinema, no vídeo e na banda desenhada. Isto, para não falar das múltiplas maneiras como é a todo o momento referenciada, evocada e retratada numa quantidade inumerável de guias urbanos, álbuns fotográficos, documentários televisivos, folhetos turísticos, mapas, roteiros, cartazes e postais.

Além disso, Alfama visita-se. Não há percurso turístico em Lisboa que não passe pelo bairro, seja em excursões, visitas guiadas ou deambulações autónomas. Por outro lado, de noite, é um dos locais a que os turistas se deslocam em busca das "casas de fado". Refiram-se, também, as visitas de estudo, em que os professores conduzem os alunos, de todo o país, ao que consideram ser local privilegiado para uma lição fundamental da "História de Portugal".

Acrescem ainda as visitas festivas, durante o mês de junho, por ocasião das chamadas "festas dos santos populares" (Santo António, São João e São Pedro). Muito em especial, na noite de Santo António, de 12 para 13 de junho, antecedendo o feriado municipal, Alfama constitui-se num dos palcos por excelência das festas da cidade, concentrando multidões que dançam nos arraiais, comem sardinha assada, compram manjericos, visitam "tronos" de Santo António, aglomerando-se nas ruas apertadas do bairro, pela noite quente de verão, até de madrugada.

Alfama é, pois, profusamente descrita e representada, visitada e comentada. Gera-se, deste modo, um curioso paradoxo identitário.

Alfama povoa os folhetos de propaganda turística e o imaginário colectivo dos portugueses. No entanto, como os breves apontamentos anteriores indiciam, a visibilidade social do bairro, e as imagens específicas em que tal visibilidade se traduz, são produzidas, em grande medida, não pela população local, mas a partir do exterior.

Tais construções sociais da identidade cultural de Alfama tendem a assumir uma tonalidade de dominante patrimonialista. Isso acontece através de mecanismos sócio-simbólicos precisos, mas que seria demasiado longo procurar caracterizar aqui no seu conjunto. Pode ser interessante, no entanto, sublinhar-lhe alguns dos traços principais.

Nos enunciados portadores desse registo patrimonialista, Alfama tem uma identidade notável porque é antiga, porque se encontra historicamente ligada ao nascimento da cidade e ao seu desenvolvimento em épocas mais ou menos mitificadas, e porque conserva importantes marcas visíveis disso. São elas que, afinal, constituem o seu (e a constituem em) "património".

A questão da "genuinidade" torna-se, neste contexto, tema permanente de polémica. Tal tipo de controvérsia, sempre reeditada, tende a ocorrer, antes de mais, a respeito da "autenticidade" diferencial deste ou daquele elemento físico do bairro, edifício ou espaço público. Mas, registe-se de passagem, é também frequente surgir a propósito de outros aspectos, nomeadamente de práticas sociais ou formas culturais, num prolongamento do mesmo regime de representações simbólicas. Tais polémicas, recorrentes, acabam por se constituir em operadores da sedimentação social dos referidos discursos identitários de tipo essencialista.

Objecto de forte investimento simbólico externo, com orientações diversas, desde as historiográficas e pedagógicas às turísticas e urbanísticas, passando pelas jornalísticas, artísticas e políticas, Alfama é exemplo do que acontece quando a elaboração de certas formas de identidade cultural referidas a um sítio — no caso um espaço urbano com marcas físicas notáveis conotadas de antiguidade — não assenta, no fundamental, nos grupos sociais locais, nos seus modos de vida e nos seus padrões de conduta, mas sim num olhar exterior, capaz de impor simbolicamente modos de visibilidade e critérios de valoração.

A questão é decisiva porque, ao mesmo tempo, como a pesquisa no local permitiu verificar de sobejo, os habitantes do bairro elaboram, a respeito dele, sentimentos de pertença e referências identitárias, mas de outro tipo, a partir das suas próprias experiências de vida quotidiana e do seu quadro de existência social.

Estas outras formas de identidade cultural têm também Alfama por referente, mas não assumem, em primeiro plano, uma configuração de tipo patrimonialista. Trata-se, sim, de representações cognitivas do bairro e de referenciações afectivas a ele enquanto território de práticas diárias, palco de existência corrente, contexto de familiaridade, fonte de recursos, sede de estratégias sociais, cenário de episódios vividos ou narrados, lugar de experiências partilhadas, marco de relações de pertença colectiva.

O bairro é habitado por uma população de perfil social popular urbano. Até há pouco tempo era central o contingente de pescadores, marinheiros, estivadores e outros trabalhadores portuários. Aliás, vagas sucessivas de população de certas vilas e aldeias de regiões rurais do interior do país vieram, através de processos de migração em cadeia, residir em Alfama e trabalhar na actividade portuária.

O número de trabalhadores marítimos, portuários e alfandegários tem vindo a diminuir muito, mas o sector ainda pesa. Também os operários e as operárias industriais vão diminuindo. Grande parte das mulheres trabalha em actividades de serviços pessoais e domésticos. Nas novas gerações encontram-se, sobretudo, homens e mulheres empregados nos escritórios e no comércio, ou como funcionários da administração pública, em geral pouco qualificados. Os níveis de escolaridade, embora baixos, vão subindo gradualmente, assim como vai aos poucos aumentando a qualificação das profissões. Existe ainda um certo número de pequenos comerciantes, muitos deles com estabelecimentos no local.

Em simultâneo, a estrutura social do bairro conteve sempre um conjunto, relativamente pouco numeroso, mas importante em termos de influência social, de elementos de classes médias e altas, com os quais os habitantes de perfil social popular mantêm relações específicas, numa espécie de simbiose clientelista e conflitual — a qual, aliás, é tematizada de maneira significativa nas formas culturais locais.

A morfologia física do bairro, a sua composição de classe, as actividades económicas ali praticadas, a densidade das redes sociais locais, a frequência, intensidade e repetição das interacções quotidianas, a importância do associativismo, o modo como se inserem no local as instituições supra-locais, a lógica das rivalidades bairristas com outros espaços da cidade, tudo isto faz dele um *quadro de interacção* propício à produção continuada de formas culturais com grande carga simbólica e força expressiva — de que o fado, as festas e as marchas são exemplos.

Em simultâneo, e de certo modo por isso, constitui também um quadro de interacção propício à emergência de manifestações de vincada identidade cultural local — emergência persistente se bem que nada tendo de estático, antes acompanhando os processos de mudança que vão atravessando o bairro. Aliás, para além dos já referidos, um outro desses processos, o de reabilitação urbana, actualmente em curso, foi desencadeado, na década de 80, por um importante movimento social que se apoiou, em grande medida, na força das modalidades de identidade cultural localmente existentes, as quais, no processo, contribuiu para, em parte, reconfigurar.

Sobrepõem-se, pois, dois modos de existência da identidade cultural de Alfama. É como se se tratasse de duas imagens diferentes, as quais se fundem parcialmente, no que se poderia chamar um *efeito de sobreposição desfocada* das imagens identitárias.

Note-se que, num segundo plano, os habitantes locais são eles próprios sujeitos, todos os dias e por múltiplas formas, aos discursos patrimonialistas sobre Alfama. Deste modo, a sobreposição simbólica torna-se ainda mais emaranhada, na medida em que as representações identitárias de que a população local é portadora, para além dos aspectos que emergem directamente da vida quotidiana do bairro, incorporam elementos inculcados a partir dos referidos discursos exógenos.

Em certo sentido, é como se se assistisse a uma completa inversão de posições quando, muitas vezes, são os habitantes do bairro a ficarem colocados na posição de observadores alheios, perante marcas patrimoniais de um passado de que são outros, vindos de fora, os principais conhecedores.

Talvez em nenhuma outra circunstância se observem tão bem, hoje em dia, os mecanismos da *dominação simbólica*, a seu modo paradoxais, inerentes à produção de formas correntes de identidade cultural patrimonialista, do que nas acções pedagógicas que diversos tipos de agentes — professores, técnicos, arqueólogos, animadores culturais e outros — desenvolvem com o intuito de, nas palavras por eles habitualmente utilizadas, "darem a conhecer à população do bairro as suas memórias" ou "permitirem que essa população se aproprie do seu passado histórico".

O que aqui releva da dominação simbólica, mais do que a acção informativa em si, é, sobretudo, o pressuposto implícito de que a população local não tem outra base relevante ou outro conteúdo possível para uma identidade cultural própria que não seja essa referência a um passado longínquo, apreendida por transmissão didáctica. As elaborações simbólicas inscritas nos padrões de conduta actuais, as manifestações de criatividade individual e as modalidades de expressão colectiva presentes nas relações de sociabilidade, nas práticas rituais e festivas, nas formas culturais localmente produzidas — são ignoradas de maneira pura e simples, ou então são desqualificadas de forma tácita como culturalmente subalternas e desinteressantes, ou são mesmo enfrentadas como condenáveis.

Em síntese, os agentes sociais que constroem as representações simbólicas dominantes de identidade cultural de Alfama (de tipo essencialista e reificante) não são as populações protagonistas da vida social local — populações essas que vão circulando e mudando, ao contrário da suposição de continuidade milenar implícita ou explicitamente postulada pelas concepções identitárias patrimonialistas. E, por seu turno, as formas de identidade cultural que as populações locais produzem, a partir da vivência própria dos quadros de relacionamento social em que estão inseridas, tendem, na maioria das vezes, a ser desvalorizadas ou folclorizadas por aqueles agentes externos.

Bica: de lugar mínimo a bairro típico

O bairro da Bica contrasta, a vários níveis, com Alfama. Relativamente pouco visitado, encravado na fronteira de duas freguesias, quase omisso na bibliografia olisipográfica,[3] frequentemente ausente das plantas turísticas, o pequeníssimo lugar da Bica continua a ser, ainda hoje, um dos bairros típicos mais invocados e menos conhecidos de Lisboa. O funicular que atravessa, desde 1892, uma das suas artérias — a rua da Bica Duarte Belo — constitui, afinal, o principal elemento identificador do bairro, de tal modo que para qualquer forasteiro lisboeta a Bica se confunde com o *elevador da Bica*. Paradoxalmente, este elevador, ao estabelecer uma ligação cómoda entre a parte baixa e alta desta área residencial, acaba por acentuar a sua insularização, por permitir que os transeuntes transponham este morro ocidental sem o terem de cruzar. As poucas — embora íngremes — calçadas, travessas e escadinhas que compõem esta espécie de enclave escondem-se por detrás dos altos e sólidos edifícios pombalinos que correm ao longo da comercial rua de São Paulo, fundada na segunda metade do século XVI e parcialmente reconstruída após o incêndio que a devastou após o terramoto de 1755.

Contrariamente à inegável visibilidade de Alfama, o bairro da Bica continua a possuir uma relativa invisibilidade social. Situada num vale em declive, entalada, a poente e nascente, entre duas colinas (Alto de Santa Catarina e Alto das Chagas), a Bica não passa de um lugar minúsculo confinado, a norte e a sul, por dois eixos rodoviários relativamente movimentados. Enquanto Alfama integra, aproximadamente, duas freguesias — São Miguel e Santo Estevão —, a Bica ocupa, actualmente, uma reduzida superfície limítrofe da freguesia de São Paulo. O bairro a que hoje se chama Bica (porventura mais alargado do que era no passado) pertenceu, até 1959, a duas freguesias distintas, Santa Catarina e São Paulo, sendo, por essa razão, atravessado por uma fronteira administrativa notada na clivagem ainda hoje visível localmente entre uma *Bica de Cima* e uma *Bica de Baixo*, a primeira mais ligada a Santa Catarina, a segunda a São Paulo.

Na realidade, o núcleo duro deste bairro — o seu sítio, quase se poderia dizer — corresponde, genericamente, a esta *Bica de Baixo*, desde sempre pertencente a uma freguesia ribeirinha, historicamente associada ao todo por um leque diversificado de actividades industriais, portuárias, marítimas e piscatórias — actividades hoje em processo de reconversão de um modo similar ao que se passa em Alfama e noutros bairros ribeirinhos desta cidade. No entanto, e apesar destas forças de mudança, é bem visível, neste pequeno lugar, a existência de um *quadro de interacção local*, idêntico ao de Alfama, incorporador de alguns elementos que testemunham uma relativa coesão social e cultural, onde se podem destacar: um fundo socioprofissional comum, uma rede imbricada de parentelas e alianças explicadas, em parte, por uma certa estabilidade residencial de algumas gerações e por fenómenos de migrações em cadeia, em épocas mais recuadas, e uma expressiva intensidade de interacções quotidianas.

Os seus edifícios envelhecidos, nalguns casos com raízes seiscentistas e setecentistas, são bem o exemplo de uma arquitectura *corrente* e *popular* que foi fixando continuadamente populações com estatuto de subalternidade social, relativamente empobrecidas. A densificação habitacional que este, como outros bairros similares, sofreram ao longo deste século, pode ser ilustrado pelo processo de crescimento quase espontâneo de novas casas num espaço tão reduzido, visível tanto nas traseiras como no topo destes prédios. É assim que os logradouros e pequenos quintais existentes nas traseiras destes prédios foram sendo ocupados por barracões que se transformaram em casas; assim como os próprios edifícios foram crescendo em altura, sendo a proliferação de uma linha de *mansardas* encavalitadas responsável pela aparência de túnel que algumas das suas ruas aparentam ser, o que, associado ao declive das suas ruas, tem permitido um sábio aproveitamento na valorização cénica dos arraiais dos santos de junho.

Muito embora contrastando com Alfama, a Bica possui, contudo, bastantes elementos em comum, facto que os torna comparáveis entre si. Para além de pertencerem a uma mesma cidade, a sua história mais recente é, até certo ponto, equivalente. Desde meados do século XIX cresceram em população e densificaram-se, assistindo a uma recomposição do seu tecido social, alimentado por vagas migratórias de populações oriundas do litoral e do interior do país, e também da Galiza, atraídas por trabalhos relacionados com alguma industrialização e, sobretudo, com as actividades portuárias e marítimas. Assim, ambos são bairros que se situam na faixa ribeirinha de Lisboa e a sua pequena história aproxima-os: casas envelhecidas e pobres numa malha urbana apertada e confusa, mais sinuosa em Alfama, fruto de uma sedimentação que remonta à urbe muçulmana, menos emaranhada na Bica, nascida de um novo urbanismo seiscentista, embora ambas percepcionadas como *labirínticas*, feitas de becos, escadinhas, vielas e pátios...; redes apertadas de solidariedade e entreajuda centradas em relações de vizinhança poderosas e que protegem o bairro do exterior acentuando o seu ar de fechamento; um *estilo de vida* muito semelhante no domínio do trabalho e das manifestações *lúdico-festivas* — carnaval, santos populares, fado. Se olhássemos para Lisboa com os olhos de um sociólogo de Chicago dos anos 20 diríamos que ambos os bairros pertencem a uma mesma *área natural* (Park et alii, 1925).

Apesar do bairro da Bica, do ponto de vista urbanístico — do seu traçado e do seu edificado — se integrar num conjunto setecentista mais amplo, de facto ele surge como uma ilha encravada no centro da cidade, marcado por traços de ocultamento e segregação. O facto deste enclave ter sido ocupado, sistematicamente, por populações bastante empobrecidas contribuiu, sem dúvida, para esta invisibilidade. O paralelismo que, a nível urbanístico e sociológico, se pode estabelecer entre o seu eixo central — a *Calçada da Bica Grande* — e um *pátio* de Lisboa ou *ilha* do Porto é de tal forma evidente que não pode deixar de ser sublinhado.

Embora este isolamento seja relativo — já que a Bica, como unidade residencial que é, apenas se fecha enquanto modo de habitar, pois os múltiplos modos de ganhar a vida dos seus habitantes sempre ultrapassaram os horizontes das suas estreitas ruas íngremes, desempenhando uma grande diversidade de papéis geradora de redes de relações e interdependências fora do bairro —, pode-se afirmar que durante muito tempo este bairro foi um lugar ignorado, pela sua omissão recorrente, constituindo uma espécie de gueto na memória oficial da cidade de Lisboa. Enquanto Alfama, já em finais do século XIX, era claramente valorizada, por parte de uma elite de intelectuais lisboetas, como um lugar de memória, a Bica foi, até tempos recentes, uma referência vaga. Só a partir dos anos 50 este lugar minúsculo ganhou uma visibilidade maior, pela sua participação no concurso das marchas populares, e pela tenacidade com que os seus habitantes têm conseguido *fazer-se bairro*, e até *num dos bairros mais típicos de Lisboa* — entrando, assim, na representação e no imaginário de uma cidade.

Na realidade, a Bica poderia ter continuado recolhida dos olhares da cidade se, em 1952, um acaso não tivesse atirado um pequeno grupo de moradores, sócios de uma das colectividades existentes no bairro, a organizar num tempo recorde a Marcha da Bica, para colmatar a falha de uma marcha em falta no então popularíssimo concurso das Marchas dos Bairros Populares, anualmente preparado pelo governo da cidade. O primeiro lugar que de imediato alcançou, repetido nos anos posteriores, não só o promoveu rapidamente ao topo de uma hierarquia de bairros típicos, como revelou igualmente uma capacidade de mobilização colectiva fora do comum que, ainda hoje, é notada por todos os que têm alguma familiaridade com a preparação desta performance festiva.

O Marítimo Lisboa Clube é a associação local que tem organizado a marcha e um dos arraiais — o mais famoso — deste lugar. Situada em plena *Bica de Baixo*, esta colectividade começou por ser uma equipe de futebol dos jovens marítimos do bairro que acabou por se formalizar, no início dos anos 40, com o aluguer de uma casa que passou a ser a sua sede. Com uma composição fundamentalmente masculina, ela tem-se afirmado como interlocutora privilegiada do poder municipal, sendo o principal veículo de comunicação estabelecido precisamente a partir — e a pretexto — das festas dos santos populares. A sua área de influência, detectável pela morada dos seus cerca de duzentos associados, sobrepõe-se, praticamente, à calçada onde se localiza a sua sede. É um pequeno grupo de jovens pertencentes a este pequeno núcleo de vizinhança que, anualmente, se responsabiliza, não só pela mobilização e organização de algumas dezenas de moradores para participarem activamente na preparação e produção das festas (o que implica cerca de seis meses de trabalho voluntário) como pela definição da imagem (com os temas, cores, músicas, fatos etc.) que a sua marcha irá divulgar perante a cidade no desfile das Marchas dos Bairros Populares.

Chegado já tarde ao universo dos *bairros populares*, o que melhor o tem caracterizado é essa criatividade persistente por parte dos seus moradores, que, num contínuo trabalho de *bricolage* vão casando alguns elementos esquecidos na deriva do imaginário urbano. Contrastando com outros bairros, sedimentados na história e no imaginário de Lisboa por uma associação a personagens-tipo ou a factos e lendas da sua história (Madragoa e as suas varinas, Mouraria e Alfama e os seus fadistas, Alcantâra e os seus marinheiros), este bairro acabou por se impor, na completa ausência destes elementos, como um dos bairros mais típicos, fruto de uma publicitação sistemática da sua imagem — à qual o seu contexto ecológico e vivencial não foi alheio —, da sua criatividade perseverante, da sua vontade de afirmação. A figura do *aguadeiro*, evocando a água das suas bicas e chafarizes e a valorização desse pequeníssimo *enclave* bem no coração da cidade, com o arraial erguido no mês de junho, tem contribuído para a afirmação de um *micro-lugar* simbolicamente engrandecido graças ao esforço conjugado de um punhado de homens e de mulheres.

A presença continuada, neste pequeno lugar urbano, de algumas unidades sociais, fortemente territorializadas e colectivamente produzidas — a colectividade, a rua, algumas redes familiares — como motores que constantemente recriam e se apropriam duma entidade representada e projectada — o bairro —, transformou este pequeno lugar escondido num *bairro típico*.

A sua morfologia física — topografia, habitação, traçado urbano —, a caracterização sócio-económica e cultural da sua população, a existência de redes familiares estruturadoras de práticas quotidianas de sociabilidade e a sedimentação de uma historicidade local são apenas alguns dos elementos que, endogenamente, contribuíram decisivamente para a recente *metamorfose* (Velho, 1994) deste lugar urbano. Exogenamente e de um modo mais abrangente, o processo cultural de *definição da realidade* (op. cit.) interdependente da produção das festas dos santos populares instituiu-o como mais um bairro representativo da cidade.

Pode-se, pois, afirmar que este bairro típico nasceu de um processo cultural partilhado em vários níveis — local e supra-local — e através de vários tipos de *mediadores*, sendo o mais importante a associação local referida.

Porém, talvez devido ao seu recente protagonismo na sedimentação de alguns bairros-tema no imaginário de Lisboa, o processo de *sobreposição desfocada* de imagens identitárias, atrás referido a propósito de Alfama, é aqui mais incipiente. A quase inexistência de imagens de bairro produzidas pelo exterior e já cristalizadas leva a que se assista, no caso da Bica, a uma espécie de historicidade emergente que provoca uma certa frescura na criatividade com que, ciclicamente, a Bica impõe os seus temas, as suas cores, as suas imagens.

O património reivindicado e, até certo ponto, re-criado pelos líderes locais — normalmente conotados com a colectividade da *Bica de Baixo* — situa-se num tempo histórico mais recente do que no caso de Alfama, e tem como eixo de referência a rua, espaço quase sagrado a preservar, incluindo um conjunto de actividades quotidianas (a venda diária de produtos, o namoro à janela, os pregões etc.) ainda presentes na memória local.

Podemos por isso dizer que o desfasamento entre as imagens de bairro decorrentes do seu quotidiano e da sua pequena história local e aquelas mais nitidamente produzidas pelo exterior — embora igualmente partilhadas pelos seus habitantes — é menor na Bica e, sobretudo, mais visível o processo de fixação de uma unidade temática.

Contexto e intersecção

Tanto num caso como no outro, uma aquisição comum da investigação realizada em Alfama e na Bica foi a desmontagem dos equívocos inerentes à concepção empirista e naturalista de “bairro”, assumida como noção auto-evidente enquanto designação de uma unidade urbana não problemática em si própria — ou, na tradução teórico-metodológica tantas vezes presente nas ciências sociais, tomado como “unidade de análise” reificada e apriorística.

Desde logo, as fronteiras do que, nos enunciados correntes, se designa como os bairros de Alfama ou da Bica são tudo menos nítidas. Pelo contrário, revelam-se ambíguas, plásticas, contextuais e estratégicas, dependentes de quem se pronuncia e das situações relacionais em que está envolvido. Em particular, as representações simbólicas locais acerca destes bairros como entidades colectivas de referência e pertença constituem-se mais por núcleos de enraizamento identitário e demarcações sociais face a terceiros — uns e outras mutáveis e manipuláveis, de carácter largamente circunstancial — do que por delimitações cognitivas de contornos precisos, como é habitual nas definições administrativas ou cartográficas.

Cada um dos bairros revelou-se, à análise, como *construção social* nos vários sentidos do termo, isto é, como prática e representação, elaborada tanto local como externamente, e sobretudo nas relações entre os que ali habitam e os outros.

O que se encontrou, nos dois casos, não como ponto de partida mas como ponto de chegada da investigação, foi um tipo específico de configuração social a que se pode chamar *sociedade de bairro* — designação discutível mas inspirada noutras, que ficaram célebres nas ciências sociais, como, por exemplo, a "sociedade de esquina", de William Foote Whyte (1981), ou a "sociedade de corte", de Norbert Elias (1987).

Corresponde a uma acentuada sobreposição de parâmetros de estruturação social — morfológicos e simbólicos, de composição social e de contexto interaccional — redobrados ainda de formas marcantes de identidade cultural. Identidade cultural essa emergente da configuração social específica referida, e, por sua vez, factor decisivo da sua constituição enquanto, precisamente, sociedade de bairro.

Sociedades de bairro como as que se encontraram em Alfama ou na Bica surgem, pois, como casos de um tipo especial de configurações sociais, caracterizáveis pela redundância estruturante de um conjunto de dimensões interligadas: não só espaços residenciais mas também formas urbanas particulares, quadros sociais densos e multifacetados, sedes privilegiadas de sociabilidades, cenários de produção cultural própria e referentes de representações identitárias destacadas.

Numa outra ordem de questões, relativas às teorizações sobre as sociedades urbanas contemporâneas, ambos os casos investigados fornecem base para dois desmentidos teóricos, aparentemente de sentido contrário. Evidenciam, com efeito, que, nessas sociedades urbanas: *a) nem o contexto local se tornou irrelevante; b) nem as configurações culturais locais supõem guetos sociais.*

Muitas das teses actuais sobre a descontextualização das relações sociais em época de globalização, da deslocalização das redes de interconhecimento, do fim dos espaços locais enquanto quadros relevantes de estruturação social, do confinamento da interacção aos "não-lugares" de passagem efémera e aos regimes relacionais de anonimato, dão conta de processos importantes nas sociedades contemporâneas, mas fazem-no em modo reificante e unilateral. Veja-se, por exemplo, Marc Augé (1992) ou Manuel Castells (1996-98), para referir apenas dois autores marcantes na antropologia e na sociologia contemporâneas.

Essas teses tendem a absolutizar, como exclusivo, aquilo que são, efectivamente, dimensões ou formas sociais emergentes, ou de presença actual mais destacada, mas que coexistem, em articulações a investigar com outras dimensões do relacionamento social e com formas recorrentes que ele assume.

Nesse sentido, fazem lembrar fases anteriores do pensamento sociológico e antropológico — por exemplo quando, em finais do século XIX, se contrapunha "sociedade" a "comunidade", como se de entidades mutuamente exclusivas se tratasse, a primeira desalojando a segunda de acordo com uma concepção evolucionista linear.

De novo, agora, as redes sociais múltiplas, os quadros de interacção locais ou as formas simbólicas persistentes teriam desaparecido, sob uma onda arrasadora de laços especializados, atomismos individuais, relacionamentos descontextualizados, estilos efémeros.

Deste ponto de vista, o mínimo que se pode dizer é que as pesquisas sobre as sociedades de bairro referidas constituem uma infirmação das teses sobre "o fim do contexto local", pelo menos nos modos de generalização absolutizadora, reificante e redutora com que por vezes são enunciadas.

Em termos teóricos mais gerais, os casos analisados chamam a atenção para que grande parte da vida social se passa em contextos de copresença e envolve interacções face-a-face. Isso não significa, evidentemente, que não haja muitos aspectos do relacionamento humano, da organização das sociedades e dos processos sociais que se estruturam e desenrolam a outros níveis. Mas não se concretizam num vácuo interactivo. Pelo contrário, ao traduzirem-se em práticas sociais, são mediados, ou pelo menos intersectam e são intersectados, em permanência, por constrangimentos e dinâmicas do específico foro interaccional, inscrevendo-se em determinados, e variados, *quadros de interacção*.

Assim, quando se fala de descontextualização das relações sociais, nas condições da modernidade avançada, ou da pós-modernidade, é um equívoco grosseiro, ou mesmo um absurdo teórico, tomar o alargamento temporal e espacial de certas redes de interdependência, bem como o carácter decisivo que adquiriram os grandes sistemas institucionais e os meios de comunicação generalizados, por um hipotético apagamento tendencial da "ordem da interacção" (Goffman, 1983) e da relevância específica dos seus contextos.

Mas a importância continuada, se bem que em modalidades variadas e mutáveis, dos quadros contextuais das relações sociais de interacção, de que as sociedades de bairro de Alfama e da Bica são exemplos de género específico, não significa que estes contextos locais constituam guetos sociais, parados no tempo e fechados ao exterior. Pelo contrário, o que a investigação permitiu verificar foi que tais contextos, nos quais ocorre a referida densificação de laços sociais e formas simbólicas, não só são *atravessados por significativos processos de mudança* como se constituem enquanto *cenários de múltiplas intersecções*, de carácter estrutural, institucional, relacional e cultural.

Quanto aos processos de mudança, bastará assinalar alguns aspectos ilustrativos, como, desde logo, as transformações significativas que a composição social destes bairros tem vindo a sofrer, acompanhando, aliás, o que acontece na sociedade envolvente. Embora mantendo um perfil popular predominante, a estrutura demográfica está em processo de duplo envelhecimento (menor proporção de jovens, maior percentagem de idosos), os níveis de escolaridade, ainda que em média baixos, aumentaram significativamente nas gerações mais novas, as ocupações profissionais incluem agora muito menos marinheiros, trabalhadores portuários ou operários industriais, a favor de um maior peso relativo de empregados e empregadas dos escritórios, do comércio e dos serviços, assim como uma percentagem não muito elevada, mas crescente, de quadros e técnicos de qualificação média e superior.

Também as actividades económicas instaladas num e noutro bairro, ou nas suas vizinhanças imediatas, têm mudado bastante, ao mesmo tempo que os edifícios começaram a ser objecto de processos de reabilitação urbana, desde há mais tempo Alfama, mas tendo já igualmente a Bica como alvo. Os estilos de vida quotidiana locais, envolvendo relações de vizinhança, manifestações de sociabilidade, modalidades de associativismo e formas festivas que remetem para especificidades culturais persistentes, não deixaram de incorporar recentemente novos vectores, por vezes segundo dinâmicas bastante rápidas, tais como os provenientes da difusão dos actuais modos de cultura escolar e mediática.

Pelo seu lado, quanto às variadas esferas e lógicas de intersecção, podem mencionar-se as relações estabelecidas no dia-a-dia, por boa parte da população local, com outros espaços da cidade, a que se deslocam para trabalhar ou para estudar, assim como com intuitos lúdicos ou de consumo. Às *redes sociais translocais* de carácter profissional ou escolar, sobrepõem-se ainda outras, algumas de grande importância local específica, designadamente as que envolvem conterrâneos oriundos ou residentes nas povoações de origem rural ou piscatória de onde fracção significativa dos habitantes destes bairros provém.

Outros exemplos encontram-se nas relações localmente desenvolvidas com turistas, com frequentadores externos das actividades económicas e lúdicas ali sediadas e, ainda, com os prolongamentos locais de *instituições supralocais*, como lhes chamou Anthony Leeds (1973), isto é, em concreto, com gabinetes técnicos da Câmara Municipal de Lisboa, com delegações de partidos políticos, com empresas de transportes, financeiras ou outras possuindo dependências nos bairros, ou com serviços públicos diversos, desde igrejas a universidades, igualmente ali instaladas.

Acresce que as formas simbólicas especificamente integrantes da cultura local destes bairros — de que as marchas populares, as festas dos santos populares, o fado amador ou as sociabilidades de vizinhança e associativa são exemplos privilegiados — revelam-se susceptíveis de, em regime de continuidade persistente, servir de veículo ao investimento de significados múltiplos e mutáveis. Constituem assim, nestes quadros de interacção locais, suportes comunicacionais comuns, meios de expressão partilhados, operadores de produção cultural própria. Podem, por isso, transportar, em simultâneo, significados em parte partilhados e em parte diferenciados, consoante os actores sociais envolvidos. Gentes dos bairros nascidas neles ou migrantes de diversos pontos do país, jovens ou idosos, artistas profissionais ou amadores, população local ou turistas — todos podem participar ou assistir interessados ao desfile de uma marcha ou a uma sessão de fado. Formas simbólicas como estas constituem instâncias possíveis de comunicação entre universos culturais em parte diferenciados entre si, em maior ou menor grau.

Como assinala Gilberto Velho (1981, 1994), são possíveis, ou mesmo inevitáveis, a coexistência e o entrecruzamento social de discursos simbólicos e universos de sentido diferenciados. Num certo espaço social, não só a cultura não exclui as diferenças como, em certa medida, se alimenta delas, estabelecendo pontes, suscitando comunicação.

O que se poderia aqui acrescentar é que elementos culturais como as marchas populares ou o fado amador podem operar, em simultâneo, a dois níveis complementares e subtilmente articulados. Por um lado são capazes de estabelecer interligação entre configurações culturais de enraizamento social diverso, surgindo como dispositivos comunicacionais abrangendo segmentos sociais diferenciados, nomeadamente em situações de contexto interaccional partilhado. Por outro lado, e ao mesmo tempo, nestes quadros de interacção de bairro, constituem-se como linguagens privativas, não decifradas, nesse plano de significados específico, por terceiros presentes na situação interactiva. O que acarreta, como se pode calcular, todo um conjunto de implicações relacionais, culturais e identitárias.

Além disso, as pessoas dos bairros circulam, elas próprias, entre universos culturais de referência diferenciados. O caso mais flagrante é o dos jovens — mas em todos os segmentos da população se passa algo de semelhante.

Os jovens destes bairros podem passar, em poucos dias ou em poucas horas, dos círculos de sociabilidade entre pares de que emergem formas de cultura juvenil profundamente entretecidas na densa malha urbano-social local, e da frequência dos meios culturais intergeracionais prevalecentes nas colectividades associativas dos bairros, a sucessivos contactos com a cultura escolar e à exposição recorrente às modalidades de cultura mediática transmitidas pela televisão. E podem circular entre a participação em práticas culturais de forte carga identitária bairrista, como as marchas ou o fado, e a fruição de uma noite prolongada num concerto *rock*, num bar ou numa discoteca de feição cultural cosmopolita.

Destacam-se, pois, *três processos de intersecção cultural*, conectados entre si mas com lógicas próprias. Antes de mais, nestes bairros sobrepõem-se e entecruzam-se modos de cultura diversos. Depois, as formas culturais locais que se reproduzem enquanto configurações específicas estão também sujeitas a dinâmicas de intertextualidade, produtoras de sincretismos de referências aos níveis dos símbolos e dos significados. Finalmente, os protagonistas sociais transitam entre mundos culturalmente diferenciados, com maior ou menor intensidade das correspondentes metamorfoses, nos registos interpretativos e comportamentais que accionam perante cada um deles, e com graus de variabilidade mais ou menos acentuados relativamente às províncias de significados e aos universos simbólicos frequentados.

Trata-se de processos que remetem para conhecidos desenvolvimentos teóricos e analíticos de Gilberto Velho (1981, 1994), nomeadamente acerca dos *campos de possibilidades* em que os indivíduos, relacionando-se de maneiras variáveis com os quadros de condições de existência em que se inserem, e circulando entre esferas sociais e universos de sentido segundo uma gama mais ou menos aberta de combinatórias potenciais, vão construindo as suas práticas quotidianas, os seus projectos de vida e as suas orientações valorativas.

São lógicas sociais e culturais de *intersecção*, embebidas na *contextualidade* das sociedades de bairro analisadas, que Alfama e a Bica permitem ilustrar.

Notas

1. A designação de "bairro popular" foi-se fixando a par da organização das primeiras performances das marchas populares dos bairros, a partir dos anos 30. Outras designações têm sido adoptadas para os referir: bairros históricos, bairros típicos.

2. Para análises mais desenvolvidas remete-se, no caso da Bica, para Graça Índias Cordeiro (1997) e, no caso de Alfama, para António Firmino da Costa e Maria das Dores Guerreiro (1984) e António Firmino da Costa (1999).

3. Género compósito de apontamentos históricos e míticos, arquitectónicos e urbanísticos, etnográficos e jornalísticos acerca da cidade de Lisboa, muito em especial os seus aspectos mais antigos ou considerados tradicionais.

Referências Bibliográficas

AUGÉ, Marc. 1992. *Non-lieux: introduction à une anthropologie de la surmodernité*. Paris, Seuil.

CASTELLS, Manuel. 1996-98. *The Information Age: Economy, Society and Culture*, 3 vols. Malden, Mass., Blackwell.

CORDEIRO, Graça Índias. 1997. *Um lugar na cidade: quotidiano, memória e representação no Bairro da Bica*. Lisboa, Dom Quixote.

COSTA, António Firmino da. 1999. *Sociedade de bairro: dinâmicas sociais da identidade cultural*. Oeiras, Celta.

COSTA, António Firmino da, e GUERREIRO, Maria das Dores. 1984. *O trágico e o contraste: o fado no Bairro de Alfama*. Lisboa, Dom Quixote.

EAMES, Edwin e GOODE, Judith G. 1977. *Anthropology of the City. An Introduction to Urban Anthropology*. Englewood Cliffs, New Jersey, Prentice-Hall.

ELIAS, Norbert. 1987 [1969]. *A sociedade de corte*. Lisboa, Estampa.

GOFFMAN, Erving. 1983. "The interaction order", *American Sociological Review*, vol.48, nº1.

HANNERZ, Ulf. 1994. *Cultural Complexity. Studies in the Social Organization of Meaning*. Nova York, Columbia University Press.

LEEDS, Anthony. 1973. "Locality power in relation to supralocal power institutions", in: Aidan Southall (org.), *Urban Anthropology: Cross-Cultural Studies in Urbanization*. Nova York, Oxford University Press.

LYNCH, Kevin. 1982. *A imagem da cidade*. Lisboa, Edições 70.

PARK, Robert, BURGESS, Ernest e MCKENZIE, Roderck. 1925. *The City*. Chicago, University of Chicago Press.

SILVA, Augusto Vieira da. 1930. *Os bairros de Lisboa*. Lisboa, Imprensa Lucas.

VELHO, Gilberto. 1981. *Individualismo e cultura: notas para uma antropologia da sociedade contemporânea*. Rio de Janeiro, Zahar.

———. 1994. *Projeto e metamorfose: antropologia das sociedades complexas*. Rio de Janeiro, Zahar.

WHYTE, William Foote. 1981 [1943]. *Street Corner Society. The Social Structure of an Italian Slum*. Chicago, University of Chicago Press.

Narrativas e imagens do turismo no Rio de Janeiro[1]

Celso Castro

O turista, aquele que viaja motivado acima de tudo pelo prazer da viagem, é um tipo social recente. Diferente de quem viaja a negócios, a estudo ou em busca de saúde, o turista é basicamente movido pela curiosidade, pela vontade de visitar algum lugar apenas por prazer. Embora sempre tenham existido pessoas que viajavam por esse motivo, foi só em meados do século XIX que esse novo personagem começou lentamente a se generalizar na Europa e nos Estados Unidos.

A gênese do turista como um tipo social está relacionada a processos culturais mais amplos. Para que a idéia de viajar por prazer vingasse no imaginário ocidental, foi preciso que uma série de mudanças estéticas e intelectuais fossem sendo gradativamente desenvolvidas: a valorização da natureza, a "descoberta" das paisagens e de cenas "pitorescas", a noção de lazer como uma forma de relaxar do *stress* da vida moderna e a ascensão do individualismo, entendido como processo histórico que generalizou a moderna concepção de indivíduo, ser dotado de uma *subjetividade* em alguma medida descontínua em relação à sociedade. Tudo isso também está relacionado aos fenômenos de urbanização, industrialização, mudança nas condições de trabalho e desenvolvimento do capitalismo.

Essas transformações criaram as condições para o surgimento dos primeiros empreendimentos voltados para o turismo como uma atividade de massas. O surgimento dos agentes de viagem, a construção de ferrovias e de hotéis modernos possibilitou a transformação do *Grand Tour* que os jovens aristocratas ingleses faziam desde o século XVI numa oportunidade aberta a um número cada vez maior de pessoas. Desse modo, gradativamente nasceu o que hoje conhecemos como a "indústria" do turismo.[2]

No Brasil, foi apenas nas primeiras décadas do século XX que o turismo organizado começou a funcionar, tendo como principal centro a cidade do Rio de Janeiro. Surgiram os primeiros guias, hotéis turísticos, órgãos oficiais e agências de viagem destinados prioritariamente a atrair e a receber turistas. Alguns marcos históricos são a construção do hotel Copacabana Palace (em 1923) e a criação da Sociedade Brasileira de Turismo (hoje Touring Club do Brasil, em 1928). Ainda hoje, o Rio é a cidade brasileira que recebe mais viajantes estrangeiros, e o turismo é sempre apontado como um fator fundamental para a revitalização econômica da cidade e um elemento constitutivo de sua identidade de "Cidade Maravilhosa".

Seria ingenuidade, no entanto, pensar que um local possa ser "naturalmente" turístico. Seu reconhecimento como "turístico" é uma construção cultural — isto é, envolve a criação de um sistema integrado de significados através dos quais a realidade turística de um lugar é estabelecida, mantida e negociada. Esse processo tem como resultado o estabelecimento de narrativas a respeito do interesse da "atração" a ser visitada. Essas narrativas associam determinados adjetivos a "pontos" ou eventos turísticos, antecipando o tipo de experiência que o turista deve ter. A construção do caráter turístico de um local também envolve, necessariamente, seleções: alguns elementos são iluminados, enquanto outros permanecem na sombra.

*

Uma via de acesso ao processo de construção da natureza turística de um local nos é fornecida pelos guias de viagem e folhetos turísticos, que "cristalizam" as narrativas e imagens do turismo em um determinado momento. Examinados com alguma dose de estranhamento e distanciamento, os guias nos ajudam a perceber que a realidade turística de um local é permanentemente negociada. Há sempre a concorrência entre visões distintas a respeito daquilo que deve ser experimentado, e de que modo.

Vejamos um exemplo. Recentemente, a Prefeitura da cidade do Rio de Janeiro lançou a campanha de promoção turística "Rio. Incomparável". Um dos folhetos, distribuídos pela Riotur em hotéis e agências de viagem, aponta a cidade como a obra-prima do "Arquiteto do mundo", dotada de um incomparável cenário. Além da natureza privilegiada, a cidade é feita também de amor, ginga, música no ar e muita alegria: o carioca está sempre disposto a compartilhar com o turista seu tradicional botequim (e "se for sábado, é dia de feijoada depois da praia"). Duas festas representam a alegria do Rio: o Réveillon de Copacabana, "num ambiente que reúne magia, paz, alegria e uma enorme fraternidade", e o Carnaval, quando basta "encher-se de alegria e ginga carioca" e sair pelas ruas seguindo bandas e blocos.

Uma visita ao *site* da Lonely Planet, um dos principais guias de viagem na Internet, confirma que o Rio está situado "num dos locais mais bonitos do mundo" e que "os cariocas buscam o prazer como nenhum outro povo", mas também informa que um terço da população vive em favelas, que os pobres não têm escolas, médicos nem empregos, e que a brutalidade e corrupção da polícia são comuns. O Carnaval aparece descrito como "um espetáculo fantástico", mas o leitor é alertado para a existência de outras celebrações, "mais autênticas", em outras partes do Brasil. O guia avisa também que a época do Carnaval pode ser a pior para se visitar o Rio, porque, entre outras coisas, "massas de visitantes baixam à cidade para ficarem bêbados, drogados e trocar doenças exóticas".

Outro importante *site* de informações turísticas *on line*, o Excite, apresenta o Rio como uma cidade sensual, caótica, aberta e amigável, palco de uma "mistura única de contrastes". O Rio oferece o novo e o velho, enorme riqueza e esmagadora pobreza — tudo isso abraçado pela estátua do Cristo Redentor.[3]

*

Os guias de viagem e folhetos turísticos também nos possibilitam perceber que a "natureza turística" de um local é fruto de uma construção cultural que se modifica com o tempo. O caráter histórico da atividade turística muitas vezes não é evidente ao nosso senso comum. A recorrente associação do Rio de Janeiro com elementos como Carnaval, praia e futebol — presentes em todos os guias e folhetos modernos — não era oferecida, por exemplo, para os turistas que visitavam a cidade na década de 1930.

Lembro-me da sensação de estranheza que tive quando abri um mapa turístico do Rio publicado em 1937 pelo governo federal. Que cidade era aquela? Em primeiro lugar, a orientação da cidade no mapa parecia "errada". Hoje, a Zona Sul sempre está na parte de baixo dos mapas, aquela a partir da qual se começa a visualizar a cidade. No mapa de 1937, esse lugar era ocupado pelo Centro do Rio. A sensação de estranheza não parava aí. Havia também uma lista de pontos turísticos muito diferente das de hoje. As praias, por exemplo, não eram destacadas como atrações turísticas — apenas os cassinos que nelas estavam situados. Além disso, estavam em destaque uma série de monumentos, estátuas e edifícios, a maioria no Centro, que dificilmente aparecem nos mapas atuais.

Os guias de viagem da década de 1930 direcionavam o olhar dos turistas a partir da Baía de Guanabara, por onde entravam os navios que traziam a maior parte dos visitantes da cidade. Isso, é claro, nos ajuda a entender por que, no mapa turístico de 1937, a região portuária é que está na "entrada do mapa". O guia inglês *South American Handbook*, em sua edição de 1932, informa que a Baía, com seu "soberbo brilho de cores, é a mais admirada do mundo", e que o "famoso" cone de granito do Pão de Açúcar e o pico do Corcovado emprestam forte individualidade à cena. A chegada ao porto do Rio era "um espetáculo sem igual, quer fosse de dia ou à noite". O guia destaca a suntuosidade de muitos edifícios, a grande beleza das praças com suas fontes e estátuas, lindamente mantidas, e a vivacidade dos cafés ao ar livre. A cidade, segundo o guia, era "uma das mais saudáveis nos trópicos". Nenhuma palavra sobre Carnaval ou futebol e, quanto a praias, apenas uma rápida menção ao "celebrado balneário" de Copacabana.

O guia *Rio de Janeiro e seus arredores*, publicado em 1928 pela Sociedade Anônima de Viagens Internacionais, uma das primeiras agências de viagem a funcionar na cidade, também inicia suas descrições pela chegada ao porto. A grande maioria das atrações turísticas está na zona central da cidade, destacando-se a avenida Rio Branco ("a Quinta Avenida de Nova York na infância"), a rua 11 de Março (no centro do bairro comercial, que inclui a rua do Ouvidor, "onde se dava *rendez-vous* a elegância do Rio monárquico") e a Praça XV, todas cercadas por vários edifícios dignos de atenção. Grande destaque é dado, no guia, aos jardins, com seus monumentos, estátuas, bustos e chafarizes.

Os "arrabaldes" de interesse turístico incluem São Cristóvão ("o mais velho"), Vila Isabel ("um dos bairros mais populosos"), Andaraí ("num vale pitoresco"), Tijuca (com destaque para o passeio de bonde pelas "magníficas moradas particulares" da rua Conde de Bonfim, subindo o caminho do Alto, "de espanto em espanto" até o ponto terminal, na floresta, "que não pode ser descrita; tem que ser vista, ouvida, aspirada"), Rio Comprido, Botafogo ("que já foi chamado o bairro aristocrático da cidade"), Leme, Copacabana, Ipanema e Leblon (os bairros "mais moços e mais bonitos"), Gávea ("arrabalde dos que mais se têm desenvolvido ultimamente"), Laranjeiras (cuja rua principal "acompanha o curso, invisível quase, do rio Carioca"), Santa Teresa ("com lindas residências particulares") e Silvestre ("o mirante verde da cidade"). Sobre o carioca, o guia afirma — ao contrário de todos os guias atuais — que ele "talvez não seja um povo alegre. Nascido à beira do mar, debaixo de um sol sempre aceso, fechado entre montanhas, o habitante destas paisagens tem um entusiasmo delirante, que logo se apaga numa imensa melancolia".

Fica evidente, a partir desses exemplos, como a experiência turística muda, acompanhando, em linhas gerais, mudanças urbanísticas e culturais da cidade. Nos guias da década de 1930 aparecem com destaque as praças; nos atuais, as praias. Naqueles, o foco está no Centro; nestes, na Zona Sul. Não se trata de uma relação de determinação direta, e sim de interação: às vezes: muda a cidade, muda o turismo; outras vezes, a partir de modificações no mundo do turismo, introduzem-se alterações urbanísticas na cidade. As narrativas e imagens associadas ao turismo são, portanto, uma importante via de acesso à história e à geografia culturais de uma cidade.

*

Os guias e folhetos turísticos procuram orientar o olhar do turista, oferecendo seleções de locais e eventos dignos de atenção, roteiros de visita e adjetivos para descrevê-los. Eles antecipam a experiência daquele que viaja, que muitas vezes sente prazer no simples reconhecimento *in loco* daquilo que já viu ou leu. A repetição de narrativas e imagens associadas a um lugar vai cristalizando e disseminando sua qualidade turística. O olhar do turista é, portanto, mediado por tudo aquilo que viu, leu ou ouviu sobre determinada "atração". No entanto, esse processo não deve ser visto como mecânico. A partir de diferentes narrativas, cada viajante faz a sua própria, selecionando, manipulando e brincando com as imagens que lhe são oferecidas.

Vejamos o que contam dois ilustres visitantes do Rio de Janeiro na década de 30. O antropólogo francês Claude Lévi-Strauss revela, em *Tristes trópicos*, que não se sentiu atraído pelo Rio de Janeiro, "apesar da sua beleza tantas vezes celebrada". Na primeira vez que chegou à cidade, em 1935, de navio, a paisagem não pareceu-lhe na mesma escala das dimensões da cidade. Ao entrar na Baía, o Pão de Açúcar e o Corcovado, "todos esses locais tão gabados", pareceram-lhe "raízes de dentes perdidas nos quatro cantos duma boca desdentada" (ou, como traduziu Caetano Veloso em *Estrangeiro*, "pareceu-lhe uma boca banguela"), "quase constantemente submersos numa bruma lamacenta dos trópicos" (Lévi-Strauss, s/d:96-7)

Já o escritor austríaco Stefan Zweig, fazendo o mesmo percurso no ano seguinte, tem uma experiência estética absolutamente diferente, como registra em seu diário da *Viagem ao Brasil e à Argentina*. A entrada da Baía parece-lhe magnífica, não podendo imaginar nada mais belo:

> Essas linhas ondulantes lembram o corpo de uma mulher que sai das ondas, Vênus Anadiomene. É inesquecível esta primeira vista, eternamente vou tê-la em meus olhos. A imagem se modifica a cada ângulo, e de cada ângulo tem-se uma visão diferente da beleza — o Rio não tem só uma vista, como Nápoles, ele é bonito por todos os lados, olhando do alto das montanhas em direção ao mar ou vice-versa, e da praia ou de qualquer ponto de vista. A isso acrescentam-se as cores suaves e quase cantantes. Esta cidade realmente tem magia. (Zweig, 1993:169)

Um mesmo local, a mesma época: narrativas e imagens tão distintas. Desconhecer a apropriação individual que o turista faz daquilo que lhe é oferecido pode levar a sérios equívocos. O principal deles está ligado à visão do turista como prisioneiro de construções simbólicas falsas, não autênticas. Mas qual seria a visão autêntica, mais verdadeira, de um local turísitico? Os guias e folhetos acima mencionados nos ajudam a ver que não há consenso a respeito disso. Entre as diferentes narrativas da Prefeitura do Rio e da *Lonely Planet*, cada turista fará a sua a partir da própria experiência, a única que, em sua singularidade, pode ser considerada verdadeira e autêntica.

A discussão sobre a autenticidade da atividade turística pode facilmente levar a posições intelectualistas anti-turísticas, bastante comuns tanto na literatura acadêmica quanto entre determinados segmentos da elite. O desenvolvimento do turismo como atividade de massas gerou, desde o seu início, o surgimento de críticas quanto à perda da "verdadeira" viagem, do "verdadeiro" turismo. Um efeito prático dessa visão é que as elites sempre buscaram incessantemente novos locais turísticos para o seu lazer, cada vez mais exclusivos e inacessíveis, abandonando outros à medida que as "massas" de turistas iam chegando. A visão intelectualista que deprecia o turismo enfatiza o caráter falso, construído, das narrativas e imagens turísticas, e a arbitrariedade das associações feitas entre elas e as "atrações".

A massificação não vulgariza ou degrada o turismo "autêntico": o que ela faz é trazer à tona outras formas de lazer. Não há um modo "autêntico" de se fazer turismo. Aliás, não seria possível congelar qualquer experiência, fruto que ela sempre é do momento presente, mutável e em constante devir.

Um modo de pensar para além da questão da autenticidade ou não da experiência turística é vê-la como ocorrendo numa "província do significado" particular, para usar uma expressão do filósofo Alfred Schutz (1979). A idéia é que o turista viaja por um plano da realidade que não é falso, inautêntico ou mentiroso; apenas diferente, com um estilo cognitivo especial que o distingue da realidade da vida cotidiana. Esse plano é constituído, como vimos, por narrativas e imagens muitas vezes dissonantes e conflitivas entre si. Cada turista, por sua vez, delas se apropria como quer. Não há, portanto, uma experiência turística melhor que outra, não há um modo privilegiado de se ver as atrações turísticas. Qualquer maneira de viajar vale a pena.

Notas

1. Agradeço a colaboração de Ana Luiza Beraba, bolsista de iniciação científica do CNPq/PIBIC e assistente nesta pesquisa, e de Henrique Espada, que gentilmente emprestou antigos guias de viagem.

2. Livros úteis para uma introdução geral à história do turismo são Boyer (1996), Feifer (1985) e Withey (1997). Para discussões mais teóricas e estudos de caso, alguns livros importantes são os de MacCannell (1989), Nash (1996), Smith, (1989) e Urry (1996). Finalmente, recomendo a leitura dos artigos de dois autores portugueses, Conceição (1999) e Fortuna (1997).

3. As homepages citadas estão nos endereços *http://www.lonelyplanet.com* e *http://www.excite.com*, ambos visitados em julho de 1999.

Referências Bibliográficas

BOYER, Marc. 1996. *L'invention du tourisme*. Paris, Découvertes/Gallimard.

CONCEIÇÃO, Cristina Palma. 1999. "Promoção turística e (re)construção social da realidade", *Sociologia — Problemas e Práticas*, nº28, Lisboa, CIES/ISCTE, p.67-89.

FEIFER, Maxine. 1985. *Tourism in History: From Imperial Rome to the Present*. Nova York, Stein and Day.

FORTUNA, Carlos. 1997. "As cidades e as identidades: narrativas, patrimónios e memórias", *Revista Brasileira de Ciências Sociais,* nº33, p.127-41.

LÉVI-STRAUSS, Claude. s/d. *Tristes trópicos*. Lisboa, Portugália / Martins Fontes.

MACCANNELL, Dean. 1989. *The Tourist. A New Theory of the Leisure Class*, Schocken Books, 2ªed.

NASH, Dennison. 1996. *Anthropology of Tourism*. Nova York, Pergamon.

SCHUTZ, Alfred. 1979. *Fenomenologia e relações sociais*. Rio de Janeiro, Zahar.

SMITH, Valene (org.). 1989. *Hosts and Guests. The Anthropology of Tourism*, The University of Pennsylvania Press, 2ªed.

URRY, John. 1996. *O olhar do turista: lazer e viagens nas sociedades contemporâneas*. São Paulo, Studio Nobel.

WITHEY, Lynne. 1997. *Grand Tours and Cook's Tours. A History of Leisure Travel, 1750 to 1915*. Nova York, Morrow.

ZWEIG, Stefan. 1993. *Amok e xadrez*. Rio de Janeiro, Nova Fronteira.

Política, cultura e espaço urbano

Karina Kuschnir

No dia 30 de setembro de 1996, um domingo, às vésperas das eleições municipais do Rio de Janeiro, a candidata a vereadora Marta Silveira[1] foi chamada às pressas para comparecer à paróquia de seu bairro. Na mesma hora, largou o que estava fazendo, desmarcou boa parte dos compromissos de campanha e partiu para a igreja. A essa altura, quase cem pessoas a esperavam no salão de reuniões. O clima era tenso. O padre e os fiéis queriam saber por que Marta estava apoiando um candidato a prefeito que acabava de se declarar favorável ao aborto e ao casamento entre homossexuais. Marta estava prestes a perder o apoio daquelas pessoas a apenas três dias da eleição. Nas duas horas que se seguiram, a candidata falou, discutiu, respondeu perguntas. Era preciso convencer a platéia de que, mesmo não concordando com suas opiniões, aquele era o melhor candidato a prefeito da cidade e, ela própria, a melhor candidata a vereadora.

Nesse mesmo dia, Ricardo Alves, um outro candidato a vereador, cumpria tranqüilamente seus compromissos de campanha: panfletagem na praia, almoço festivo na favela, reuniões à tarde. Em nenhum momento seu dia foi interrompido com questões a respeito de aborto ou homossexualidade. Ricardo, filiado ao Partido dos Trabalhadores (PT), apoiava um outro candidato a prefeito que também declarou aos jornais ser favorável ao direito das mulheres de interromper a gravidez e dos homossexuais de realizar uma união matrimonial reconhecida por lei. No entanto, os eleitores de Ricardo não se importaram com isso nem o questionaram publicamente a respeito.

Por que Marta foi chamada às pressas para se explicar e Ricardo não? Para responder essa pergunta, é preciso entender as diferenças *culturais* entre os candidatos e, conseqüentemente, entre os diferentes universos de eleitores mobilizados. Como veremos, Marta se caracteriza como uma *vereadora de subúrbio*, enquanto Ricardo é um parlamentar municipal com atuação voltada para toda a cidade, mas com origens e referências que o caracterizam como um *vereador de Zona Sul*. Essas diferenças espaciais são impregnadas de significados. Através desse episódio, é possível observar quais são as suas implicações para o exercício da política em uma metrópole como o Rio de Janeiro. Vejamos a seguir alguns detalhes.

A matéria no jornal

No dia 23 de setembro de 1996, o jornal *O Globo*, um dos maiores diários brasileiros, publicou uma pesquisa com os quatro principais candidatos a prefeito da cidade a respeito de aborto, homossexualismo e drogas. Apenas um, dentre os quatro entrevistados, respondeu às perguntas de forma objetiva, declarando-se favorável à legalização do aborto e do casamento homossexual e contrário à descriminalização das drogas, embora também fosse favorável à prática de distribuição de seringas aos viciados, como forma de controlar a epidemia da Aids.

Essas opiniões foram expressas pelo candidato Luiz Paulo Conde, filiado ao Partido da Frente Liberal (PFL), e que na época ocupava a primeira colocação em todas as pesquisas de intenção de voto. As declarações de Conde (que viria a ser eleito) tiveram repercussão na imprensa, nos programas eleitorais na TV e, principalmente, nos debates de campanha de seus correligionários com a população. As respostas de Conde foram consideradas as mais progressistas da pesquisa.

No quadro abaixo, apresento um resumo das respostas ao questionário feito pelo jornal. A fim de melhor situar os leitores, classifiquei os partidos em esquerda, centro e direita, da forma tradicionalmente utilizada pela ciência política brasileira. Os números ao lado do nome de cada candidato indicam a ordem em que seus nomes apareciam nas pesquisas de opinião na época. As respostas, resumidas aqui apenas com um sim (S) ou não (N), estavam mais elaboradas na matéria original.

As respostas do candidato Luiz Paulo Conde foram as que mais chamaram atenção, provocando repercussão na mídia e em diversos setores da sociedade. Isto ocorreu porque, em relação aos temas mais polêmicos da reportagem (perguntas 2 e 5), suas opiniões coincidem

	PT (esquerda)	PDT (esquerda)	PSDB (centro)	PFL (direita)
O senhor concorda com...	Chico Alencar (3º)	Miro Teixeira (4º)	Sérgio Cabral Filho (2º)	Luiz Paulo Conde (1º)
1) Responsabilidade civil para menores?	N	N	S	S
2) Legalização do aborto?	S	S	N	S
3) Liberação do jogo?	S	S	S	S
4) Pena de morte?	N	N	N	N
5) Casamento e adoção de crianças por homossexuais?	S	S	N	S
6) Liberação das drogas?	N	N	N	N
7) Censura ao sexo e à violência na TV?	N	S	N	S

com as dos candidatos dos partidos de esquerda. Como vemos no quadro, as perguntas 3, 4 e 6 receberam respostas unânimes, enquanto as perguntas 1 e 7 motivaram respostas variadas, também com justificativas ambíguas na pesquisa original.

As opiniões de Conde em relação à legalização do aborto foram as que mais chamaram atenção, por sua objetividade. O candidato disse apenas: "Sou favorável ao aborto quando a criança não é desejada pela mãe." Os candidatos de esquerda emitiram opiniões semelhantes no que diz respeito à descriminalização do aborto. Entretanto, ambos fizeram questão de esclarecer que eram "pessoalmente contra" a prática.

Em relação aos casamentos e à adoção de crianças por homossexuais, Conde também respondeu com objetividade. Declarou-se a favor da consagração jurídica da união de pessoas do mesmo sexo, assim como da adoção de crianças "por qualquer pessoa, desde que autorizada por um juiz". Miro Teixeira e Chico Alencar compartilham dessa opinião, mas suas respostas não têm a mesma objetividade. Miro começa ressalvando que "o que determina a felicidade das pessoas, homens e mulheres, não é a existência de um contrato". A observação desqualifica a questão da legalização da união homossexual e, portanto, dilui o peso da resposta positiva do candidato. Chico Alencar, por sua vez, esquiva-se de dar uma resposta direta, dizendo que a Lei Orgânica Municipal "assegura a liberdade de orientação sexual", evitando assim assumir uma posição pessoal. Da mesma forma, responde que a adoção deve ser aceita ou não segundo um exame da "maturidade" do casal. Apenas ao final, ele observa que "qualquer maneira de amor vale a pena", indicando, de forma indireta, seu apoio aos casamentos homossexuais.

A objetividade, associada à positividade e ao uso dos verbos na primeira pessoa do singular ("Sou favorável...") dão às respostas de Conde uma relevância especial no conjunto de respostas dos candidatos. A mídia aproveitou a ocasião para produzir mais matérias sobre os temas da pesquisa, considerados particularmente polêmicos quando se trata de momentos eleitorais. Jornais, assim como programas de TV e rádio, abriram espaço na pauta para discutir as declarações de Conde. Foram entrevistados cientistas sociais, coordenadores de institutos de pesquisa, políticos e autoridades religiosas. Entre os especialistas em campanhas eleitorais, foi unânime a opinião de que um candidato em campanha não deve opinar sobre temas polêmicos, sob pena de perder a simpatia do eleitor mais conservador, considerado maioria.

Devemos lembrar que a posição de Conde era a de candidato com maior número de intenções de voto nas pesquisas. Seu principal adversário, até aquele momento, era Sérgio Cabral Filho, apontado como o segundo na preferência do eleitorado. Cabral foi quem mais explorou o episódio das declarações de Conde. Em seus programas na TV, passou a falar sobre suas posições contrárias ao aborto, ao homossexualismo e às drogas, atacando Conde por defender opiniões opostas.

A Igreja também se manifestou sobre o assunto e, no domingo seguinte à publicação da matéria n'*O Globo*, fez circular nas paróquias da cidade um documento condenando as declarações de todos os candidatos. Em pronunciamento durante a semana, o cardeal-arcebispo do Rio, Dom Eugênio Sales, defendeu os princípios da Igreja católica e criticou a posição dos políticos.

Além dessas repercussões na própria mídia, que gerou a notícia, as declarações de Conde tiveram um impacto considerável na campanha de Marta Silveira, vereadora, candidata à reeleição pelo mesmo partido. Como vimos, assim que as autoridades religiosas manifestaram-se sobre as declarações de Conde, Marta foi chamada para dar explicações ao seu eleitorado. As pessoas queriam saber: ela concordava com aquilo? Qual era a sua posição em relação ao aborto? Como ela podia apoiar um candidato cujas opiniões contrariavam princípios cristãos?

Uma vereadora de subúrbio

Mais do que uma discussão a respeito de aborto, homossexualidade ou drogas, esse evento nos permite pensar sobre a relação de um parlamentar com seus eleitores. A campanha é um momento crucial de atualização desses laços. Durante seu curso, os atores estão construindo juntos o significado da *representação política*. No caso de Marta, particularmente, vemos em ação um tipo de representação que poderíamos chamar de *vereador de subúrbio*. Presente no discurso nativo, esta definição chama atenção para o recorte espacial do universo de eleitores de Marta Silveira.

Filha de um deputado estadual, atuante na política desde a década de 50, Marta herdou do pai os eleitores e o estilo de trabalho. Seu dia-a-dia é dedicado a resolver os problemas do bairro de Roseiral e vizinhanças através do atendimento pessoal dos moradores. A população local conhece a vereadora de perto. Seus pais estabeleceram-se no bairro logo depois do casamento e vivem na mesma residência desde então.

Para Fernando Silveira, pai de Marta, tornou-se um costume atender pessoalmente, na porta de casa, os eleitores que o procuravam com pedidos de emprego, internações hospitalares, material de construção, soluções para problemas burocráticos junto às administrações públicas, serviços de limpeza urbana, entre outras coisas. Quando passou a trabalhar com o pai, Marta montou um escritório — a poucos metros da sua casa — para dar continuidade e maior vulto a esse trabalho de atendimento político. Depois de eleita vereadora, passou a contar com uma equipe de mais de vinte assessores que a ajudam no escritório. Seus funcionários passam o dia nas ruas de Roseiral e arredores, visitando os moradores, perguntando sobre seus problemas e organizando uma forma de solucioná-los através da atuação da vereadora. A própria Marta passa boa parte do seu dia recebendo esses moradores no escritório e, nos fins-de-semana, visitando-os em suas casas. As soluções encontradas são amplamente divulgadas para que toda a região passe a ter conhecimento de que o objetivo foi alcançado através da ação da vereadora junto ao governo municipal (ou de seu pai, junto ao governo estadual).

Essa rotina de trabalho faz com que Marta Silveira seja uma pessoa muito conhecida por todos os moradores de Roseiral e vários bairros vizinhos. Suas interações são, na grande maioria, de contato face-a-face, onde os interlocutores conhecem as características biográficas uns dos outros, tendo um certo domínio das variáveis sociais envolvidas. Todos sabem, por exemplo, quem são os pais de Marta, que sua mãe foi professora, que ela própria tem um filho também chamado Fernando, que seu irmão gostava de jogar futebol na pracinha e assim por diante. De sua parte, Marta e assessores conhecem os problemas conjugais dos vizinhos, sabem quem faz a melhor bala-de-coco da região, freqüentam festas de batizados e debutantes, participam de eventos escolares e dos campeonatos locais de quadrilhas.

Este ambiente e suas características de sociabilidade não se encaixam na atmosfera metropolitana, cujas análises têm enfatizado justamente a dimensão do anonimato e do individualismo (Simmel, 1979 e Velho, 1981). Embora relativamente perto da região central do Rio de Janeiro (distância de 35km), Roseiral encontra-se simbolicamente distante. Aos modos de vida interioranos, soma-se um repertório de valores conservadores. Para os habitantes de Roseiral, que constituem a base do universo de eleitores de Marta Silveira, a Zona Sul da cidade tende a ser representada como um local "ruim para se educar os filhos", com mulheres muito "liberadas", sem laços de vizinhança e solidariedade. A vida no subúrbio é valorizada por seus valores "familiares", sua tranqüilidade, a religiosidade de seus moradores, pela existência de espaços de convivência coletivos, como as praças e campos de esporte, e privados, como os quintais e jardins das casas particulares.

A prática política se encaixa no tom da cultura local. A relação da vereadora com seus eleitores está pautada pelo elogio dos valores associados à identidade suburbana. O resultado eleitoral reflete isso, mostrando que existe uma relação entre espaço social e um modo de se fazer política. Vejamos a distribuição dos votos de Marta Silveira na eleição de 1996 no mapa da cidade do Rio de Janeiro.

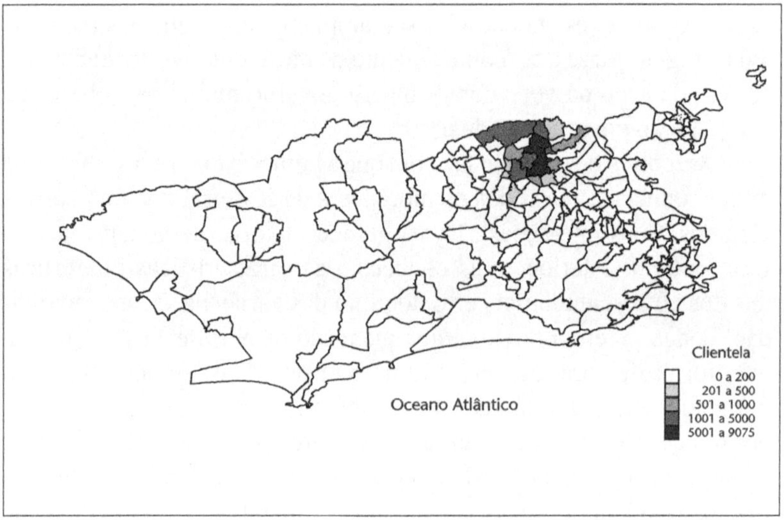

Para quem conhece e vive no Rio de Janeiro, fica fácil apreender o significado dessa concentração eleitoral. Esta cidade, com mais de cinco milhões de habitantes, é uma grande metrópole com suas divisões socioespaciais bem marcadas, especialmente aquela que separa a Zona Sul das outras zonas. Suas divisões internas seguem uma certa "organização moral", baseada nos hábitos, costumes e estilo de vida de seus habitantes (Park, 1979:29).

Na Zona Sul, temos uma orla marítima de praias limpas, calçadão urbanizado, com seus hotéis de luxo e os imóveis mais caros da cidade. Em torno da orla, espalham-se os bairros das classes altas e médias, cercados de ruas arborizadas, de áreas de lazer, como a lagoa Rodrigo de Freitas, e, sobretudo, de uma infraestrutura de serviços públicos característica de grandes metrópoles (água, luz, esgoto, transportes, urbanização do espaço público etc.). Os morros (e, dentro deles, os túneis) separam a Zona Sul do resto da cidade.

Na Zona Norte e no subúrbio, onde se concentram os votos de Marta Silveira, vive a população com menor renda e grau de instrução. Seus moradores sofrem com a falta de acesso aos já mencionados serviços públicos que tanto embelezam e facilitam a vida do habitante da Zona Sul. Além disso, na cidade do Rio de Janeiro, o adjetivo *suburbano* tem um significado pejorativo, usado muitas vezes como sinônimo de pobreza, cafonice, abandono e atraso (Vianna, 1988:67 e Heilborn, 1984). As diferentes regiões e bairros da cidade se distribuem segundo um "mapa de prestígio", sendo, na maior parte das vezes, a Zona Sul um símbolo da vida "sofisticada" e "cosmopolita", e o subúrbio um lugar "triste", "feio" e "parado" (Velho, 1973).

Política, cultura e espaço urbano

Na prática política, podemos observar como se atualizam as diferenças culturais entre os espaços sociais da cidade. Como vimos, um mesmo evento — a reportagem do jornal *O Globo* com a opinião dos candidatos a prefeito sobre aborto e casamento de homossexuais — teve repercussões variadas, segundo o universo político envolvido.

No mundo dos Silveira, as palavras de Conde foram duramente criticadas, gerando cobranças por parte dos eleitores e justificativas por parte de Marta. Naquele momento, estavam em jogo tanto o caráter comunitário da vida suburbana quanto sua associação com valores conservadores. As motivações políticas dos atores sociais estão intimamente relacionadas à sua sociabilidade, crença religiosa e visão de mundo. A organização do espaço urbano reflete essa cosmologia e acaba por moldar também o exercício da política.

Neste caso, tive a sorte de observar a reação de dois universos políticos distintos. De um lado da cidade, os moradores do subúrbio cobrando explicações de Marta e Conde. Do outro, os eleitores de Ricardo Alves parecendo ignorar o assunto. Estes últimos não são pessoas indiferentes ao noticiário político. A falta de reação se explica pelo fato de Chico Alencar ter emitido opiniões que, pelo menos em linhas gerais, são compartilhadas por seu universo eleitoral.

O próprio ritmo da vida urbana e a escassez de espaços de convivência comunitária, tão presentes no cotidiano do subúrbio, fazem com que os eleitores da Zona Sul estabeleçam um outro tipo de relacionamento com seu representante político. No lugar dos encontros diários, das reuniões em quintais, paróquias e quadras esportivas, privilegia-se a informação veiculada na mídia de grande circulação e nos informativos produzidos pelos próprios parlamentares para serem enviados pelo correio. Mas o desagrado, quando acontece, também provoca reações rápidas.

O próprio Ricardo Alves passou por uma situação difícil quando, em certo momento da campanha, Chico Alencar declarou aos jornais que não lamentava o assassinato de bandidos por outros bandidos (*O Globo*, 5.8.96). A opinião chocou seus companheiros de partido e também os eleitores de Ricardo. Os candidatos adversários aproveitaram para acirrar as críticas a Alencar, chamando atenção para o caráter "direitista" das declarações de um político de esquerda.

Para se defender junto aos eleitores, não havia — como no caso de Marta Silveira — a possibilidade de marcar um encontro de retratação. Uma reunião de pessoas só é eficaz nessas situações quando a própria organização do grupo provoca uma progressiva difusão dos temas debatidos no encontro. Isso faz sentido num bairro de subúrbio, mas não na Zona Sul da cidade. A informação urbana por excelência circula através dos meios de comunicação de massa. No dia seguinte à divulgação da reportagem, Chico Alencar, Ricardo Alves e outros membros do partido não foram às ruas se explicar. Ao invés disso, escreveram uma nota que foi divulgada por sua assessoria de imprensa aos principais jornais da cidade.

As características do comportamento das pessoas envolvidas neste caso foram propositalmente homogeneizadas. Tanto o subúrbio quanto a Zona Sul foram definidos mais pelos aspectos comuns de seus habitantes do que pelas diferenças e nuances internas. A apresentação dos candidatos seguiu o mesmo estilo. Nem todos os moradores de Roseiral são eleitores de Marta Silveira, assim como nem todos freqüentam igrejas ou são contrários à discriminalização do aborto. A Zona Sul também não é povoada exclusivamente por eleitores dos partidos progressistas. De fato, existem muitos candidatos ao parlamento municipal que se elegem nesta região através de mecanismos políticos muito parecidos com aqueles descritos aqui em relação ao subúrbio.

Optei por lidar com os aspectos mais gerais e homogêneos, sem cair em simplismos, a fim de chamar atenção para a existência de uma certa ordem na relação entre prática política, universos culturais e espaço urbano. Embora estejamos sempre atentos para a complexidade da vida metropolitana, muitas vezes deixamos de perceber quais são as alternativas concretas de seus habitantes. No que diz respeito às opções políticas, vimos que o comportamento eleitoral — entendido aqui de uma forma ampla, e não apenas como um conjunto de números — está diretamente associado à experiência urbana e aos universos culturais e sociais a ela associados. Embora vivendo na mesma metrópole e compartilhando o pertencimento à sociedade e cultura brasileiras, os habitantes da cidade têm diferenças significativas em termos de *ethos* e estilo de vida, que repercutem e se expressam nas suas concepções de participação política.

Nota

1. Os nomes Marta e Fernando Silveira, Ricardo Alves, bem como do bairro de Roseiral, são fictícios. Este material faz parte de uma pesquisa mais ampla, realizada durante meu curso de doutoramento (Kuschnir, 1998).

Referências Bibliográficas

HEILBORN, Maria Luiza. 1984. *Conversa de portão: juventude e sociabilidade em um subúrbio carioca.* Rio de Janeiro, PPGAS/Museu Nacional/UFRJ (dissertação de mestrado).

KUSCHNIR, Karina. 1998. *Política e sociabilidade: um estudo de antropologia social.* Rio de Janeiro, PPGAS/Museu Nacional/UFRJ (tese de doutorado).

PARK, Robert E. 1979. "A cidade: sugestões para a investigação do comportamento humano no meio urbano", in: VELHO, Otávio G. (org.), *O fenômeno urbano.* Rio de Janeiro, Zahar, p.26-67.

SIMMEL, Georg. 1979 [1902]. "A metrópole e a vida mental", in: VELHO, Otávio G. (org.), *O fenômeno urbano.* Rio de Janeiro, Guanabara.

VELHO, Gilberto. 1973. *A utopia urbana: um estudo de antropologia social.* Rio de Janeiro, Zahar.

———. 1981. *Individualismo e cultura: notas para uma antropologia da sociedade contemporânea.* Rio de Janeiro, Zahar.

VIANNA, Hermano. 1988. *O mundo funk carioca.* Rio de Janeiro, Zahar.

Corpos na cidade: sedução e sexualidade

Maria Luiza Heilborn

Um dos elementos mais fortes da caracterização da identidade nacional brasileira tem sido a de um país sexualmente desinibido. A sentença de que ao sul do equador não existe pecado (Gasper von Baleus,1660) veio a se constituir em uma marca poderosa no imaginário social, tendo sido reiterada por vários outros viajantes e cronistas dos costumes no Brasil bem como incorporada na literatura sociológica nacional (Gilberto Freyre, 1951).

O Rio de Janeiro encarna enquanto cidade uma espécie de modelo reduzido desse atributo. Corte no império e capital federal até 1960, a cidade ocupava no imaginário da nação o lugar de vanguarda de costumes e cosmopolitismo. Em parte decorrente dessas atribuições recaía sobre ela também uma aura de devassidão: efeito dos significados tributados ao (sub)mundo da política e do contato mais freqüente com estrangeiros. A cidade tida por devassa aos olhos das outras metrópoles do país pela condição de centro do poder político e principal pólo turístico (Castro, 1999), o Rio de Janeiro destacava-se por apresentar uma moralidade liberal, em que o comportamento entre os sexos era menos contrito do que o restante do país. A imagem de uma cidade sexualizada se impunha.

Nesse imaginário, a configuração geográfica e o clima tropical da cidade ocupam um papel proeminente. Às características físicas do espaço associadas à temperatura elevada em quase todos os períodos do ano é atribuida uma incitação à exibição dos corpos: os espaços abertos oferecidos pelas praias, parques e praças funcionariam como um convite permanente ao desvelamento dos corpos. Clima e natureza predisporiam a uma quase onipresente nudez: despojamento dos corpos que geraria um ambiente repleto de sedução. Evidentemente, nem o espaço físico nem o clima definem a exposição dos corpos. Essa disposição articula-se com características do processo civilizatório brasileiro em que o "encobrimento ritualizado do corpo" (Le Breton, 1995) nas interações sociais que singulariza o padrão clássico (francês) não se realiza aqui de forma plena.

A literatura sociológica brasileira (Freyre, 1951; Hollanda, 1936; DaMatta,1979) tem definido nossa identidade nacional como uma sociedade "quente" "aberta ao contato"; onde as relações pessoais desempenham até hoje um importante papel na esfera pública. As fronteiras entre os corpos são menos marcadas quando comparamos com o caso francês: isto se expressa no modo como nos olhamos em público, como tocamos estranhos na rua, no uso acentuado do contato corporal para estabelecer relações. Na França, os contatos corporais — seja o toque ou o olhar, ou ainda dirigir palavras a desconhecidos são rigidamente controlados na esfera pública (Peixoto, 1995). Estamos em presença de modelos contrastantes de adestramento dos corpos, que falam sobre processos civilizatórios distintos. O uso menos contido dos corpos no Brasil, que os faz mais permeáveis ao contato, produz um estilo extrovertido de prática amorosa, mais direta e de maior contato físico (Bozon e Heilborn,1996). A hipótese da cordialidade brasileira, longamente descrita pela nossa sociologia, vem em apoio para explicar os usos sociais dos corpos no Brasil e serve para iluminar, no caso da cidade do Rio de Janeiro, o lugar que ela ocupa como cenário propiciador da sexualidade e da sedução. Richard Parker (1995) em seu trabalho sobre a cultura sexual brasileira, tendo realizado seu trabalho de campo nessa mesma cidade, incorporou essa representação entranhada no imaginário coletivo: a de uma sexualidade marcada pelo signo da transgressão. Trangressão que dialoga e convive com regras públicas de moralidade sexual, que entre quatro paredes são, no entanto, rompidas.

*

Da mesma maneira como as praias da Zona Sul foram sendo construídas na imagem da cidade como lugares de beleza, o processo de ocupação do território e investimento imobiliário fez desses bairros lugares de prestígio para se morar e viver (Velho, 1973). A transformação da cidade na condição de um grande balneário aglutinava estilos de vida extremamente variados. Foi sendo constituído um contraste entre as áreas próximas às praias oceânicas e as zonas do Centro e Norte da cidade, delineando-se ambientes em que posturas corporais e códigos de relacionamentos entre os gêneros e de interação social — nas quais os corpos ocupavam um plano mais ou menos central como forma de abordagem — erigiram-se em estilos de conduta.

A proposição de Robert Park (1979) de que as cidades estão compostas por zonas morais pode ser utilizada aqui de um modo mais específico a partir de uma organização social do espaço em que o erótico é o critério de distinção entre as áreas da cidade.

Há um mapa, uma geografia do sexo que se desenha entre os bairros da cidade, e que ganha maior visibilidade na parte sul da cidade pela concentração dos significados associados ao cosmopolitismo ligado ao turismo. Tal mapa registra lugares de sociabilidade que reúnem atores em busca de interação fundada na sedução para fins de troca sexual. O mapa erótico da cidade alterou-se ao longo dos anos, mas tomando-se a Zona Sul da cidade por esse signo, os bairros de Copacabana, Ipanema e Leblon são aqueles que condensam de maneira mais nítida esses significados. Copacabana se destaca entre eles pela profusão de bares da orla marítima, onde turistas se encontram com prostitutas, pelas boates que são pontos para garotas de programa (Gaspar, 1985) e pelas inúmeras áreas de encontro para homens que buscam outros homens para intercurso sexual e afetivo (Velho, 1999). Os espaços de sociabilidade homossexual se distribuem em trechos específicos das praias, em bares e saunas (Guimarães, 1979), sem falar nos diferentes territórios de "pegação", que avançam em outros bairros, onde uma população de travestis é nitidamente visível (Denizart,1997). Cidade possuidora de um grande ritual como o carnaval, no qual a liberação sexual atua como um dos eixos centrais da festa, a metrópole carioca desponta no turismo internacional como cidade propiciadora de uma sexualidade desabrida e voltada para a sedução. É, a um só tempo, templo da sexualidade homo e heterossexual. A famosa canção "Garota de Ipanema" celebra essa imagem, esmiuçando as técnicas corporais de balanço no andar rumo ao mar e a construção do corpo feminino, bronzeado, oferecido aos olhos de quem a vê passar.

*

O Rio de Janeiro tem sido descrito como uma cidade que apresenta uma hierarquia simbólica do espaço organizada pela oposição sul-norte.

Não se trata de uma segregação social simples de locais a partir da presença de segmentos mais afluentes e outros desfavorecidos, uma vez que as favelas incrustadas nos bairros mais valorizados ensejam a convivência de mundos sociais muito distantes. A história do desenvolvimento urbano da cidade a partir dos anos 40 altera os lugares valorizados de moradia. Os bairros, mais do que divisões administrativas, são suportes de estilos de vida diferenciados. A Zona Sul da cidade foi associada a modernidade, a riqueza, a cosmopolitismo. Tal classificação do espaço pode ser apreciada na maneira como a recente expansão da cidade na direção da Barra da Tijuca incorporou essa parte da cidade como se fosse simbolicamente sul (Jaguaribe, 1998). À Zona Norte e aos diferentes subúrbios da Leopoldina e da região da Central foi atribuída uma conotação moral de natureza mais tradicional e conservadora. Tal associação sempre esteve articulada com representações atribuídas aos segmentos sociais intermediários e inferiores das camadas médias e populares e às formas de controle da vida social em tais locais, onde se superpunham redes de vizinhança e parentesco.

Esses mundos distintos coexistiam, embora o imaginário em torno das diferenças de estilos de vida, gostos e moralidade os tornasse aparentemente incomunicáveis. Com o desenvolvimento dos meios de transporte e comunicação de massa, cada vez mais as ligações entre esses universos foram sendo estreitadas; um desses canais é viabilizado pela freqüentação comum das praias. Os encontros entre estilos de estar na praia, hábitos dos usuários e características de sociabilidade grupal foram objeto de estranhamento e discriminação por aqueles segmentos que se consideravam senhores do espaço. Mas o convívio é uma realidade que promove contato entre mundos e enseja, do ponto de vista dos que não são habitantes do "pedaço", a expectativa de mobilidade social através da interação sexual (Cechetto, 1999).

*

Ricardo de Albuquerque é um subúrbio da região da Central que no início dos anos 80 pouco conhecido era pelos moradores da cidade. Compunha na memória dos cariocas como uma anônima estação da linha férrea. Naquela época era sobretudo residencial e pacato; mais recentemente o bairro adentrou o noticiários dos jornais como lugar de ocorrências criminais. Ricardo ostentava nos anos 80 um aspecto de quase cidade do interior, com cadeiras na calçada e namoro de portão. O namoro desenrolava-se idealmente na soleira da casa da moça sob o olhar vigilante do grupo familiar; a transição para dentro da casa representava uma passagem significativa de compromisso entre os jovens, na qual havia a forte expectativa de desembocar num casamento. Jovens então entrevistados, que tinham entre 15 e 20 anos, contrastavam em muito com os jovens moradores de bairros da Zona Sul da mesma faixa etária. Os valores que norteavam a visão de mundo da rede social então examinada consistia num estilo de determinação conservadora em que reproduzir o estilo de vida da geração parental retinha grande expectativa. As regras de namoro bem como o caráter de drama ritualizado envolvidos na escolha do par e no controle social exercido sobre ele, pelo grupo de parentes assinalavam a presença de valores em torno da honra feminina, da importância da virgindade e do próprio casamento tanto para rapazes quanto para moças (Heilborn,1984), configurando um quadro tradicional de relações de gênero. O registro etnográfico das relações entre os jovens nessa localidade e tempo funcionou como um contraste com os atributos, decantados pela sociologia da juventude, de uma busca intrínseca por parte desse grupo etário de diferenciação simbólica frente à geração precedente.

Na mesma época na praia de Ipanema havia um ponto de encontro específico denominado "dunas do barato", local de reunião de grupos de vanguarda, e cujo nome aludia à transformação temporária das areias da praia pela presença de uma obra de saneamento bem como ao uso difundido de drogas. Nesse espaço vigia uma atmosfera de carícias em público e de demonstração aberta de preferências sexuais. A ética prevalecente nos relacionamentos, e que transbordava os limites desse nicho social, era a da "amizade colorida", termo hoje em total desuso e que então designava um tipo de relacionamento que recusava a precedência de um vínculo sexual-amoroso sobre os demais que se pudessem manter concomitantemente (Heilborn, 1981). Essa modalidade de relação era praticada por pessoas um pouco mais idosas do que os jovens de Ricardo de Albuquerque, e assinalava contudo uma fórmula de relacionamento entre homens e mulheres mais igualitária, na qual o controle da conduta sexual feminina deixara de ser um elemento central. Vinte anos se passaram e o domínio das relações de gênero e de sexualidade muito se modificou. Recentemente, apareceu uma nova forma de relação denominada "ficar" — que atualiza entre as gerações bem jovens tais mudanças —, espraiada pelos diferentes segmentos sociais que compõem a cidade. O "ficar" representa um encontro que se estabelece geralmente em um espaço público (festa, boate): a atração entre dois sujeitos pode dar lugar a um contato corporal imediato, com beijos e carícias (até mesmo mais), sem que isso implique o menor compromisso entre os parceiros (Schuch, 1998). Essa forma de relação contrasta fortemente com o namoro, que foi descrito anteriormente.

*

Em uma outra incursão etnográfica pelo tema da sexualidade e dos novos arranjos conjugais, o recorte social privilegiado recaiu sobre integrantes de camadas médias de "perfil moderno", que integravam redes sociais de moradores dos bairros privilegiados da cidade. Caracterizavam-se por estarem comprometidos com uma moral de valorização da singularidade e liberdade individuais, de recusa da distinção hierárquica entre os gêneros e de aceitação da homossexualidade. Entre esses sujeitos também se notava a presença de um número relativamente alto de "casamentos", a não obrigatoriedade de ter filhos e da coabitação como regra conjugal (Heilborn, 1995). A comparação entre casais hetero e homossexuais, revelou uma cultura comum, alicerçada em princípios éticos de valorização da dimensão psicológica dos indivíduos, de igualdade entre esses e de compromisso para com a mudança. O casal era a unidade primordial, e não a família ou a descendência.

O contraste oferecido com a geração dos pais dos jovens de Ricardo é marcante no que toca às concepções sobre sexualidade e família, vindo reforçar a representação de que na metrópole carioca as diferenças entre estilos de vida e visões de mundo rebatem, ainda que de uma maneira não linear, na organização social do bairros; a oposição sul-norte fala de fronteiras morais significativas.

*

O procedimento comparativo entre culturas é o caminho mais adequado para colocar em relevo os mecanismos de ênfase e apagamento que modelam os sentidos, as técnicas que ensejam os usos dos corpos. Ele permite a operação de estranhamento de maneira mais efetiva. Uma pesquisa dessa natureza foi empreendida sobre os modos de interação amorosa no Rio de Janeiro e Paris (Bozon e Heilborn, 1996). Pelo contraste com outra sociedade, no caso a parisiense, pôde-se delinear de modo mais claro o lugar que o corpo ocupa na interação amorosa entre sujeitos no Rio de Janeiro. Mediante a coleta de depoimentos que relatam as formas de aproximação entre os sexos e os roteiros de iniciação sexual, realizada entre sujeitos que apresentavam inserções sociais assemelhadas, pôde-se observar um uso fortemente expressivo do corpo nos relacionamentos entre os cariocas, em contraste com a intensidade das trocas verbais entre os parisienses. Evidentemente o corpo se faz presente nas interações amorosas entre os franceses, mas o contraste entre os depoimentos tomados cá e lá faz salientar uma expressividade do corpo no Rio de Janeiro e um relativo apagamento deste em Paris. Diferenças no estilo de adestramento dos corpos, na modelação cultural das emoções e na construção de fronteiras entre os sujeitos devem ser debitadas a modalidades distintas de processos civilizatórios das duas sociedades (Elias, 1990).

O argumento elisiano já é bem conhecido. A partir do século XVI na Europa, mas em particular na França, se presencia um processo de construção de fronteiras entre os corpos dos indivíduos, que simultaneamente implica a construção de um domínio de interioridade, desconhecida até então para os seres humanos. Este processo de controle das pulsões, como ele o denomina, se agencia através de regras de conduta, de uma etiqueta dos gestos, que delimitam o contato corporal entre os sujeitos, o modo de lidar com o próprio corpo e suas substâncias e uma demarcação dos contextos adequados, instituindo os limites entre público e privado. Trata-se de um conjunto articulado de fenômenos que encerra transformações gigantescas, codificando a intimidade e a afetividade.

A atividade dos corpos na sedução e na abordagem de um outro sujeito no Rio de Janeiro — o que é passível de ser estendido ao Brasil a partir da hipótese aqui sustentada da cidade poder ser tomada como um modelo reduzido — é relatada em detalhes que descrevem a função que o corpo desempenha na montagem das relações. Ele é um parâmetro de avaliação da possibilidade e do estágio do vínculo que se está propondo. Se isso é particularmente verdadeiro para as relações que envolvem o interesse sexual, também o é para os demais vínculos. Tocar o outro exprime uma ausência de regras de interdição que erijam fronteiras nítidas entre os corpos e encarna essa qualidade de abertura para o contato que molda a imagem nacional.

Nos encontros amorosos entre cariocas, a partir dos relatos dos homens, registra-se uma intensa atividade do corpo nesses primeiros contatos: olhares, sorrisos, carícias mais ou menos ousadas, enquanto da parte das mulheres aparece a queixa de que há pouca conversa entre os parceiros. Para os homens tais contatos são quase mecânicos, automáticos e, contudo, centrais para a aquisição de um estatuto viril para a identidade masculina. Furtar-se a essa atividade febril do corpo, ou sentir-se mal diante da expectativa de que ela assim se processe, é motivo de grande inquietação para eles, levando-os a se perguntarem se são realmente homens (Heilborn,1998).

A reivindicação feminina é de uma aproximação mais sentimental e menos física. Tal demanda deve ser entendida também no quadro mais geral do valor alocado à virgindade (que persiste no quadro comparativo com os depoimentos parisienses) e a uma estratégia de comprometimento do parceiro com uma relação de caráter mais duradouro. A expectativa de gerar um vínculo mais permanente marca de maneira significativa o contraste entre os gêneros. A sexualidade como um fim em si mesma não se constitui nesse universo, que se iniciou sexualmente na década de 80, como um valor. As mulheres aparecem assim como verdadeiras "civilizadoras" dos homens no que toca ao manejo de gestos e palavras que não expressem exclusivamente o sexual. Mesmo considerando-se que o início da atividade sexual para as mulheres pode ser retardado no Rio, relativamente a Paris, em razão do valor social atribuido à virgindade, e de as cariocas se queixarem do extremado controle que os homens exercem sobre suas atividades, contudo são elas em verdade que controlam o início dos contatos sexuais mais íntimos — entenda-se aqui a penetração vaginal. Resistência da mulher e insistência do homem fazem parte dessa divisão entre os gêneros. À mulher cabe julgar em que momentos ela pode conceder uma intimidade corporal maior, manejando seu capital simbólico de honra, afastando a possível pecha de mulher fácil. Franquear contatos corporais mais íntimos assim como dispor do corpo como um bem desejável são medidas necessárias para manter o interesse do homem em prosseguir com a relação. Um gradiente de sucessivas permissões acentua o fato de ser a (preservação da) virgindade o ponto central da negociação. O modelo tradicional de relações de gênero, no qual a assimetria entre os mesmos não é posta em questão (como no modelo moderno anteriormente aludido), permite à mulher um espaço de manobra importante na gestão dos contatos sexuais. A sexualização crescente que se observa na recente modalidade do "ficar" reduz tal campo ao mesmo tempo que enseja uma aparente simetria entre os gêneros.

O cenário delineado a partir dos depoimentos parisienses é a da irrelevância do tema da virgindade. O termo nem mesmo chega a se fazer presente nos discursos masculinos e femininos. A primeira vez, do ponto de vista de uma mulher, reveste-se sobretudo de um colorido de decisão pessoal, de caráter íntimo, que não suscita avaliações de caráter moral nem tampouco é objeto de controle por parte do grupo familiar. Nesse sentido, trata-se de um contexto moderno de entrada na sexualidade, na qual os valores em torno do indivíduo ditam as regras da iniciação. Assim, o contraste com o quadro descrito para o Rio de Janeiro é bastante acentuado, cabendo aos cariocas um posição tradicional nesse ângulo de comparação. Tal quadro contudo se complexifica quando as diferenças entre os cariocas são colocadas em relevo; a distinção entre sujeitos com origem social de camadas médias e moradores da Zona Norte e subúrbios e aqueles moradores da Zona Sul da cidade é de novo significativa. Entre esses últimos observa-se com nitidez a não valorização da virgindade feminina. Eles se aproximam assim dos contornos modernos de concepção da sexualidade, centrada no indivíduo.

*

Apenas aparentemente a configuração das relações de gênero que marcava o contexto das relações no subúrbio, na qual a atenção concedida à virgindade feminina era expressiva, contradiz o regime de relativa espontaneidade no contato entre os corpos no Rio de Janeiro. O peso que o corpo apresenta nas interações sociais combina-se com um quadro tradicional de relações entre os gêneros no qual a preeminência masculina é um vetor. Maior contato e maior exposição podem ocorrer num quadro regulado de limites em que a sexualidade penetrativa é o foco: isso contudo não impede uma multiplicidade de usos sexualizados dos corpos.

A imagem veiculada da cidade de costumes libertários no que toca à sexualidade, de permanentes sedução e exibição dos corpos (Malysse, 1998), pode ser assim matizada, em parte consentida, em parte negada pelos comentários etnográficos. Como palco de uma sociedade, quando comparada à parisiense, a metrópole revela uma certa uniformidade, produzida pela perspectiva distanciada do olhar. Contudo quando este se dirige para a lógica interna da cidade, avultam-se os estilos de vida diferenciados, os códigos culturais distintos. O Rio se multifaceta em cenários sexuais mais contrastantes, nos quais as diferenças de classe, a construção social dos gostos e corpos, a oposição simbólica e moral dos bairros fazem emergir sensíveis contrastes.

A metrópole como forma exemplar da coexistência (hierarquizada) de mundos sociais diferentes possibilita o contato entre eles. No Rio áreas urbanas como as praias e situações sociais como o carnaval articulam pontos de encontro entre esses mundos.

Referências Bibliográficas

BOZON, Michel e LERIDON, Henri. 1996. "The social construction of sexuality", in: BOZON, Leridon (org.), *Sexuality and the Social Sciences*. Aldershot, Dartmouth, p.3-25

BOZON Michel e HEILBORN Maria Luiza. 1996. "Les caresses et le mots: initiations amoureuses à Rio de Janeiro et Paris", *Terrain*, nº27. Paris, p.37-58.

CASTRO, Celso. 1999. "Narrativas e imagens do turismo no Rio de Janeiro", in: VELHO, Gilberto (org.), *Antropologia urbana: cultura e sociedade no Brasil e em Portugal*. Rio de Janeiro, Zahar.

CECHETTO, Fatima. 1999. *A turma do Andaraí: notas sobre masculinidade em um grupo de jovens*. Rio de Janeiro, Instituto de Medicina Social/UERJ, datilo.

DAMATTA, Roberto. 1979. *Carnavais, malandros e heróis*. Rio de Janeiro, Zahar.

DENIZART, Hugo. 1997. *Engenharia erótica — Travestis no Rio de Janeiro*. Rio de Janeiro, Zahar.

ELIAS, Nobert. 1990. *O processo civilizador*. Rio de Janeiro, Zahar.

FREYRE, Gilberto. 1951. *Casa Grande e Senzala*. Rio de Janeiro, José Olympio.

————. 1951. *Sobrados e Mocambos*. Rio de Janeiro, José Olympio.

GAGNON, John e SIMON, William. 1973. *Sexual Conduct. The Social Source of Human Sexuality*. Chicago, Aldine.

GASPAR, Maria Dulce. 1985. *Garotas de programa*. Rio de Janeiro, Zahar.

GUIMARÃES, Carmen Dora. 1979. *O homossexual visto por entendidos*. PPGAS/Museu Nacional/UFRJ (dissertação de mestrado).

HEILBORN Maria Luiza. 1981. *Compromisso de modernidade*. PPGAS/Museu Nacional/UFRJ (*paper*).

———. 1985. "Visão de mundo e ethos em camadas médias suburbanas no Rio de Janeiro", *Ciências Sociais Hoje 1984*, São Paulo, Cortez.

———. 1993. "Gênero e hierarquia: a costela de Adão revisitada", *Revista Estudos Feministas*, vol.1, nº1, CIEC/ECO/UFRJ.

———. 1995. "O que faz um casal, casal? — Conjugalidade e igualitarismo em camadas médias urbanas", in: RIBEIRO, Ivete e RIBEIRO, Ana Clara Torres (orgs.). *Família e sociedade brasileira: desafios nos processos contemporâneos*. São Paulo, Loyola.

———. 1998. "A primeira vez nunca se esquece: trajetórias sexuais masculinas", *Revista Estudos Feministas*, vol.6, nº2, IFCS/UFRJ, p.396-405.

HOLLANDA, Sergio Buarque. 1936. *Raízes do Brasil*. Rio de Janeiro, José Olympio.

LAGRANGE, Hughes e LHOMOND, Brigitte. 1997. *L'entrée dans la sexualité. Le comportement des jeunes dans le contexte du sida*. Paris, La Découverte.

JAGUAARIBE, Beatriz. 1998. "A Barra da Tijuca e as estéticas do consumo" in: *Fins de século: cidade e cultura no Rio de Janeiro*. Rio de Janeiro, Rocco.

LE BRETON, David. 1995. *Anthropologie du corps*. Paris, PUF.

MALYSSE, Stéphane. 1998. "Em busca do corpo ideal: culto feminino ao corpo na zona sul do Rio de Janeiro", *Sexualidade, Gênero e Sociedade*, nº7-8. Programa em Gênero, Sexualidade e Saúde, Instituto de Medicina Social/UERJ, p.12-7.

PARK, Robert. 1979. "A cidade: sugestões para a investigação do comportamento humano no meio urbano", in: VELHO, Otávio (org). *O fenômeno urbano*. Rio de Janeiro, Zahar.

PARKER, Richard. 1995. *Corpos, prazeres e paixões. A cultura sexual no Brasil contemporâneo*. São Paulo, Best Seller.

PEIXOTO, Clarice. 1995. "Les modes d'appellation dans les lieux publics. Une comparaison entre la France et le Brésil", *Ethnologie Française*, nº4, p.559-68.

SCHUCH, Patrice. 1998. *Carícias, olhares e palavras: uma etnografia sobre o "ficar" entre jovens universitários de Porto Alegre*. Departamento de Antropologia Social/UFRGS (dissertação de mestrado).

VELHO, Gilberto. 1973. *A utopia urbana*. Rio de Janeiro, Zahar.

———. 1999. "Os mundos de Copacabana", in: VELHO, Gilberto (org.), *Antropologia urbana: ensaios de cultura e sociedade no Brasil e em Portugal*. Rio de Janeiro, Zahar.

Ternura e atitude blasé na Lisboa de Pessoa e na Metrópole de Simmel

Hermano Vianna

"A metrópole e a vida mental", conferência cujo conteúdo Georg Simmel afirmava não derivar "de literatura suscetível de ser citada" (Simmel, 1979, nota ao pé da página 25), tornou-se justamente seu trabalho mais conhecido e, por isso mesmo, mais citado, até como um dos momentos fundadores de uma sociologia ou antropologia das grandes concentrações urbanas. É nessa conferência que encontramos, por exemplo, a conceituação da famosa "atitude blasé", referência básica para praticamente todos os estudos que tentam desvendar os mistérios das visões de mundo e dos estilos de vidas, e da interação entre eles, gerados em nossas cada vez maiores cidades. É também em "A metrópole e a vida mental" que Simmel aborda a contradição ou "oposição" necessária entre os "tipos soberanos de personalidade" (p.15) e a "vida típica da grande cidade", gerando naqueles um "ódio à metrópole", um ódio classificado tanto como "apaixonado" (idem), quanto como "amargo" (p.24).

É essa aversão extremada, e a pregação desse sentimento (Simmel se refere a Nietzsche como "pregador" anti-metropolitano), que — sem paradoxo algum — torna esses "tipos soberanos de personalidade",[1] em vez de odiados, "tão amados na metrópole", pois "aparecem ao homem metropolitano como os profetas e conhecedores de seus mais insatisfeitos anseios" (idem).

No ano em que Simmel pronunciou essa conferência, 1903, Fernando Pessoa acompanhava os cursos da Commercial School da Cidade do Cabo, na África do Sul, e lia Byron, Keats, Tolstoi, Schopenhauer. Não sei se ele já imaginava que um dia poderia se converter num dos mais amados "tipos soberanos de personalidade" de homens metropolitanos de todas as grandes cidades dessa nossa vasta pátria da língua portuguesa (e não só dela...), além de "profeta e conhecedor", íntimo, de nossos "mais insatisfeitos anseios". Mas será que esse amor e esse reconhecimento são frutos ou conseqüências de algum "ódio amargo" que Fernando Pessoa votava à metrópole? Será que aquilo que ele sente diante da metrópole é mesmo, ou tem necessariamente que ser, ódio?

É interessante, mesmo que não seja exatamente adequado ou prudente, destacar os trechos em que Fernando Pessoa e seus heterônimos falaram da vida das cidades (e da civilização produzida na cidade), analisando-os como fragmentos de uma possível antropologia urbana, feita por um não-antropólogo, dono porém de uma sensibilidade antropológica refinada, capaz de realizar "descrições densas" de aspectos muitas vezes tidos como banais (mas na verdade extremamente reveladores) dos modos de vida metropolitanos através de um olhar sempre crítico de sua própria capacidade de observar, mantendo um rígido controle sobre os mecanismos e métodos dessa observação. O familiar se torna exótico, e o exótico não é exatamente um território ameaçador, que deve ser odiado, mas sim um espaço onde são geradas novas possibilidades de relações sociais, que precisam ser compreendidas.

Seria impossível, num pequeno artigo como este (que também assume seu caráter exploratório, pretendendo apenas sugerir pistas para futuras pesquisas de maior fôlego), vasculhar toda a obra, em verso e prosa, de Fernando Pessoa. Por isso a opção de restringir meus comentários a apenas um livro (que por si só precisaria de um outro livro para ser devidamente comentado; mas é preciso começar por algum lugar...), talvez o mais óbvio para esse tipo de empreitada: aquele no qual Bernardo Soares escreve sua "autobiografia sem fatos"; aquele no qual esse heterônimo nem um pouco típico de Fernando Pessoa detalha, sob a forma de diário íntimo, sua vida cotidiana em Lisboa: o *Livro do desassossego*.

Segundo Jacinto do Prado Coelho, Bernardo Soares "parecia-se demasiado com seu progenitor para poder surgir como um verdadeiro heterônimo; e talvez pela mesma razão Fernando Pessoa procurasse diferenciá-lo, dar-lhe uma certa autonomia, sem que todavia o processo de diferenciação passasse jamais de um simples esboço." (Prado Coelho, 1982, p.VIII) Em determinado momento, Bernardo Soares (ou Fernando Pessoa?) escreve: "Criei em mim várias personalidades. Crio personalidades constantemente." (Pessoa, 1999, p.283). Sendo assim, no *Livro do desassossego* muitas vezes não é possível distinguir com clareza ou certeza se quem fala é alguma das várias personalidades de Bernardo Soares ou algum dos vários heterônimos de Fernando Pessoa, que poderia por sua vez estar escrevendo como se fosse uma dessas personalidades de Bernardo Soares e... as possibilidades são infinitas.

Então tomo a liberdade, certamente polêmica mas não inteiramente insana (tendo em vista meus humildes propósitos), de, no resto deste artigo, citar apenas Fernando Pessoa como autor dos comentários a serem analisados. Através das palavras "de" Bernardo Soares, quero tentar perceber as linhas gerais de uma "antropologia urbana" de Fernando Pessoa, ou pelo menos o "esboço" de sua visão sobre as principais características da vida mental metropolitana. Tudo isso girando em torno de uma pergunta, que é também uma provocação: o desassossego é parente daquele sentimento que Simmel apelidou de "ódio amargo"? O ódio pode criar o desassossego? O desassossego pode criar o ódio?

O ódio, em Simmel, tem toda razão de ser. No seu pensamento, há uma oposição básica, e talvez instituidora da modernidade (mesmo dando origem aos seus "problemas mais graves" — Simmel, 1979, p.11), entre a preservação da "autonomia individual", de um lado, e as "esmagadoras forças sociais", do outro. Ao mesmo tempo que deu ao homem uma maior liberdade com relação "ao Estado e a religião, à moral e à economia", a vida moderna intensificou a divisão e a especialização do trabalho, tornando "cada homem proporcionalmente mais dependente de forma direta das atividades suplementares de todos os outros" (idem).

Além disso, complexificando ainda mais essa disputa (para a qual a metrópole é a arena privilegiada), há uma "desproporção em crescimento assustadora" (p.23) entre o desenvolvimento da cultura objetiva (que está incorporada às coisas e às instituições) e o "progresso cultural" do indivíduo. A divisão do trabalho "reclama do indivíduo um aperfeiçoamento cada vez mais unilateral", desequilibrando a integração dos vários aspectos de sua personalidade, mas — ao mesmo tempo — resultando, como estratégia de sobrevivência, na busca do "ser diferente", para que cada indivíduo se sobressaia da multidão e permaneça "perceptível até para si próprio" (p.24).

Os estímulos do contato cada vez mais veloz e freqüente com uma "cultura objetiva" tão exuberante e com um número cada vez maior de pessoas encontradas no seu dia a dia fazem com que esse já frágil indivíduo possa ser vítima dos "perigos típicos da metrópole" (p.18): a indiferença ou a sugestionabilidade exagerada. Esses perigos são combatidos com mais do que uma atitude de reserva: entre as pessoas da grande cidade há mesmo (para Simmel, é necessário haver) uma "leve aversão, uma estranheza e repulsão mútuas". Se não houvesse essa "antipatia" generalizada de todos por todos, se houvesse "relações positivas" com quase todo mundo que se encontra, o indivíduo atingiria "um estado psíquico inimaginável" (p.17). Ou então reagiria na direção oposta, mais comum, generalizando a atitude blasé ("o embotamento do poder de discriminar": p.16), desvalorizando — através da indiferença — "todo o mundo objetivo", "uma desvalorização que, no final, arrasta inevitavelmente a personalidade da própria pessoa para uma sensação de igual inutilidade" (p.17).

Fernando Pessoa rejeita as saídas da "antipatia" e da "reserva". Seu objetivo parece ser experimentar os "perigos típicos da metrópole" de Simmel para, talvez no perigo, encontrar sua salvação. O *Livro do desassossego* pode ser mesmo pensado como um relatório de suas experiências com "estados psíquicos inimagináveis", atingidos com a busca tanto da indiferença quanto da sugestionabilidade mais radicais, além de uma oscilação constante entre a simpatia e a antipatia, ou mesmo a simultaneidade entre esses estímulos contrastantes.

Simmel dizia que, na metrópole, os "nervos" de cada indivíduo são agitados "até seu ponto de mais forte de reatividade por um tempo tão longo que finalmente eles cessam completamente de reagir" (p.16), produzindo a atitude blasé. Em Fernando Pessoa a reação não cessa, sua vida mental continua no nível de agitação mais intenso. Não se trata mais de um indivíduo que tem os mesmos limites nervosos daqueles que Simmel pensava encontrar numa cidade pequena (e que por isso sofriam na transição para uma cidade grande). Fernando Pessoa coloca em cena um outro tipo de indivíduo, que pode reagir intensamente a vários estímulos ao mesmo tempo,[2] aceitando o desafio da metrópole e propondo um atalho para o desenvolvimento de novas "culturas subjetivas".

Para começar, no *Livro do desassossego* não há uma fronteira precisa entre o subjetivo e o objetivo, entre o homem e a cidade. Fernando Pessoa não poderia ser mais explícito: "Sou um homem para quem o mundo exterior é uma realidade interior." (Pessoa, 1999, p.416). O movimento do indivíduo pela cidade é também o movimento de seu espírito subjetivo: "Ao mesmo tempo que em corpo me embrenho por vielas e sub-ruas, torna-se-me complexa a alma em labirintos de sensação." (p.221). Os mínimos detalhes da vida urbana estão intimamente ligados com suas flutuações interiores, podendo desencadear reações surpreendentes: "o som do primeiro eléctrico como um fósforo que vai alumiar a escuridão da alma" (p.128). O mais pessoal, o sentimento mais "interior" não deixa de estar misturado, confundido, por momentos até indistinguível, da vida "exterior": "Passo horas, às vezes, no Terreiro do Paço, à beira do rio, meditando em vão. [...] O cais, a tarde, a maresia entram todos, e entram juntos, na composição da minha angústia." (p.134).

O indivíduo não tem controle sobre seu itinerário, é um *flâneur* absurdo, sem objetivos precisos: "Vou pela rua fora, dorminhoco de minha vagabundagem folha. Qualquer vento me varreu do solo, e erro, como um fim de crepúsculo, entre acontecimentos da paisagem." (p.187). Muitas vezes não há nem um indivíduo que possa pensar em ter controle sobre a situação:

> Nós éramos tanta coisa dos parques antigos; de tão voluptuoso modo estávamos incorporados na presença das estátuas, no talhado inglês das áleas. Os vestidos, os espadins, as *perruques*, os meneios e os cortejos pertenciam tanto à substância de que nosso espírito era feito! Nós quem? O repuxo apenas, no jardim deserto, água alada indo já menos alta no seu acto triste de querer voar (p.416).

Em outras passagens, parece haver ainda alguma diferença entre homem e cidade, mas que logo, na escritura, vai se diluindo:

> Não há diferença entre mim e as ruas para o lado da Alfândega, salvo elas serem ruas e eu ser alma, o que pode ser que nada valha, ante o que é a essência das coisas. Há um destino igual, porque é abstrato, para os homens e as coisas — uma designação igualmente indiferente na álgebra do mistério (p.48).

A diluição, por vezes, chega a ser total: "sou ruínas de edifícios" (p.95) ou "Altos montes da cidade! Grandes arquitecturas que as encostas íngremes seguram e engradecem, resvalamento de edifícios diversamente amontoados, que a luz tece de sombras e queimações — sois hoje, sois eu" (p.124). Além disso, o urbano, o mais técnico daquilo que é urbano, passa a ter um outro tipo de relação, mesmo física, com quem com ele tem contato, como se tudo na cidade adquirisse vida: "Que humano era o toque metálico[3] dos eléctricos!" (p.105). Até que nada mais existe fora da cidade, separado da cidade, nem a literatura:

> Se houvesse de inscrever, no lugar sem letras de resposta a um questionário, a que influências literárias estava grata a formação do meu espírito, abriria o espaço ponteado com o nome de Cesário Verde, mas não o fecharia sem nele inscrever os nomes do patrão Vasques, do guarda-livros Moreira, do Vieira caixeiro da praça e do Antônio moço do escritório. E a todos poria, em letras magnas, o endereço chave LISBOA (p.150).

Não podia ser de outra maneira para quem acha que "tudo é rua na vida" (p.342) ou que pode declarar, logo após achar humano o toque metálico dos "eléctricos", sem artifícios: "Oh, Lisboa, meu lar!"

O lar do novo indivíduo (o indivíduo pós-Simmel?) é toda a cidade. Não é um lar precisamente desprezível ou desprezado. O *Livro do desassossego* demonstra, em muitos de seus "trechos", um enorme bem-estar (apesar de todo o desassossego, e talvez justamente por causa dele) na civilização metropolitana. Ou uma preferência clara pela metrópole: "O despertar de uma cidade, seja entre névoa ou de outro modo, é sempre para mim uma coisa mais enternecedora do que o raiar da aurora sobre os campos." (p.207). Mesmo a natureza parece só ser vista com simpatia quando está próxima da cidade:

> Mas amo o Tejo porque há uma cidade grande à beira dele. Gozo o céu porque o vejo de um quarto andar de rua da Baixa. Nada o campo ou a natureza me pode dar que valha a majestade irregular da cidade tranqüila, sob o luar, vista da Graça ou de São Pedro de Alcântara. Não há para mim flores como, sob o sol, o colorido variadíssimo de Lisboa (p.83).

Fernando Pessoa (só para lembrar: sempre como Bernardo Soares) justifica-se, mesmo acrescentando a informação de que detesta automóveis e telefones entre outros "produtos da ciência": "Não sei se é a mim que acontece, se a todos que a civilização fez nascer segunda vez. Mas parece-me que para mim, ou para os que sentem como eu, o artificial passou a ser o natural, e é o natural que é estranho." (p.83). Palavras muito diferentes daquelas dos pregadores do ódio antimetropolitano. Fernando Pessoa fala dos que nasceram "segunda vez". Os "tipos soberanos de personalidade" de Simmel podem ter tido apenas um único nascimento.

Sentindo-se em casa na cidade, o autor do *Livro do desassossego* observa tudo, não se cansa de observar os mínimos detalhes das coisas, todas as coisas, todas as sensações (pois, como já foi dito, nunca se estabelece claramente a distinção entre a coisa e a sensação). Observar, olhar, é mais do que seu meio de vida, ou o sentido de sua vida: "Viver não vale a pena. Só olhar é que vale a pena. Poder olhar sem viver realizaria a felicidade, mas é impossível, como tudo quanto costuma ser o que sonhamos. O êxtase que não incluísse a vida!..." (p.415).

Numa viagem de carro "eléctrico", Fernando Pessoa observa: "Toda a vida social jaz a meus olhos" (p.282). De certa forma todas as suas observações sobre a cidade podem ser pensadas a partir desse "jaz", que traduz também uma impossibilidade da sociologia, ou a insatisfação diante da sociologia e a necessidade de ultrapassá-la. Antes da opção por sua "autobiografia sem fatos", houve outras tentativas: "Primeiro entretiveram-me as especulações metafísicas, as idéias científicas depois. Atraíram-me finalmente as [?] sociológicas. Mas em nenhum destes estádios da minha busca da verdade encontrei segurança e alívio" (p.245). Interessante essa sucessão de "estádios": da metafísica para a ciência e depois para a sociologia. O que sobra explicitamente desse último estádio, durante todo o *Livro do desassossego*, são duas citações de Tarde (p.236 e 393, na verdade a mesma citação). Mas, em muitas de suas passagens, há toda uma discussão sobre o olhar e a observação que poderia ser reescrita num estranho, quase psicodélico, "Discurso sobre o método sociológico".

Como já foi dito, Fernando Pessoa observa tudo. Como um exótico antropólogo, ele sabe: "Ver é estar distante. Ver claro é parar. Analisar é ser estrangeiro" (p.113). Mas pára diante de qualquer coisa: "Vi há pouco, em uma montra de loja de brinquedos, umas coisas que exactamente me lembraram o que essas expressões são. Vi, em pratos fingidos, manjares fingidos para mesas de bonecas" (p.175). Ou: "apareceu muita roupa branca pendurada a saltar nas cordas esticadas por paus médios nas janelas altas dos prédios de todas as cores" (p.182).

E ainda: "a luz do dia, serena como sempre, luze obliquamente, porque a rua é estreita, sobre onde estão erguendo os caixotes — não sobre os caixotes, que estão na sombra, mas sobre o ângulo lá ao fim onde os moços de fretes estão a fazer não fazer nada, indeterminadamente" (p.396). E olhar não é uma atividade só para os olhos:

> O olfato é uma vista estranha. [...] Passo numa rua. De uma padaria sai um cheiro de pão que nauseia por doce no cheiro dele [...] Passo numa rua. Cheira de repente às frutas do tabuleiro inclinado da loja estreita (p.263).

Poderia passar páginas e páginas citando trechos como esses, onde os detalhes atuam como detonadores de reflexões inusitadas, que não estariam deslocadas numa ontologia das sensações, ou num livro de história sobre o cotidiano de Lisboa na primeira metade deste século. Mas a reflexão sobre a própria observação é o que mais interessa no âmbito deste artigo. Fernando Pessoa nos dá várias pistas para a compreensão de seu estilo de observar: "Contemplei com a atenção intensa e indiferente, que é o meu modo" (p.325). Ou então, muito didaticamente:

> Vou num carro eléctrico, e estou reparando lentamente, conforme é meu costume, em todos os pormenores das pessoas que vão adiante de mim. Para mim os pormenores são coisas, vozes, letras. Neste vestido de rapariga que vai em minha frente decomponho o vestido em o estofo de que se compõe, o trabalho com que o fizeram — pois que o vejo vestido e não estofo — e o bordado leve que orla a parte que contorna o pescoço separa-se-me em retrós de seda, com que se o bordou, e o trabalho que houve de o bordar. E imediatamente, como num livro primário de economia política, desdobram-se diante de mim as fábricas e os trabalhos — a fábrica onde se fez o tecido; a fábrica onde se fez o retrós, de um tom mais escuro, com que se orla de coisinhas retorcidas seu lugar junto do pescoço; e vejo as secções das fábricas, as máquinas, os operários, as costureiras, meus olhos virados para dentro penetram nos escritórios, vejo os gerentes procurar estar sossegados, sigo, nos livros, a contabilidade de tudo; mas não é só isto: vejo, para além, as vidas domésticas dos que vivem sua vida social nessas fábricas e nesses escritórios... Todo o mundo se me desenrola aos olhos só porque tenho diante de mim, abaixo de um pescoço moreno, que de outro lado tem não sei que cara, um orlar irregular regular verde escuro sobre um verde claro de vestido (p.282).

É claro: tal atividade mental (ainda "vendo" os amores e almas de todo esse ciclo produtivo...) só poderia ter uma conseqüência: "Entonteço" (p.283). Também pudera: com observações tão pormenorizadas — e ao mesmo tempo tão globalizantes — como essas, estão próximos os "estados psíquicos inimagináveis" apontados por Simmel.

Mesmo tonto, o autor do *Livro do desassossego* continua a correr todos os riscos; inclusive aquele risco dos envolvimentos emocionais intensos, apesar de temporários, com muitas das pessoas que encontra por acaso nas ruas, e que nunca mais vai ver na vida. São observados mesmo os modos de observar das outras pessoas, como o do indivíduo do restaurante que aparece logo no prefácio:

> Reparava extraordinariamente para as pessoas que estavam, não suspeitosamente, mas com um interesse especial; mas as observava como que perscrutando-as, mas como que interessando-se por elas sem querer fixar-lhes as feições ou detalhar-lhes as manifestações de feitio (p.39).

Há uma simpatia por esse modo de observação. Que modo é esse? Como é possível um interesse especial, sem suspeita, sem fixação? É possível, com intensidade e indiferença (como é o modo de Fernando Pessoa), colocar-se no lugar do outro, observar o mundo e os outros (e nós mesmos) com o olhar do outro?

O *Livro do desassossego* oscila entre pontos de vistas opostos. As respostas para todas essas perguntas parecem ser um sim e um não, simultâneos. Não: "Ninguém compreende outro. Somos, como disse o poeta, ilhas no mar da vida; corre entre nós o mar que nos define e separa" (p.327). Em outro momento, a conclusão é até mais radical: "Ninguém, suponho, admite verdadeiramente a existência real de outra pessoa" (p.297). Mas outras vezes a resposta afirmativa supera todas as convicções ao contrário. Como ao contemplar o mundo de dentro do comboio que vai até Cascais:

> Ao passar diante de casas, de vilas, de chalés, vou vivendo em mim as vidas das criaturas que ali estão. Vivo todas aquelas vidas domésticas ao mesmo tempo. Sou o pai, a mãe, os filhos, os primos, a criada e o primo da criada, ao mesmo tempo e tudo junto, pela arte especial que tenho de sentir ao mesmo [tempo] várias sensações diversas, de viver ao mesmo tempo — e ao mesmo tempo por fora, vendo-as, e por dentro sentindo-as — as vidas de várias criaturas (p.283).

Não é essa a utopia antropológica? Pena que nem Fernando Pessoa consiga manter essa "arte especial" por muito tempo. Em outro momento, fica claro, que, também para ele, as coisas não são tão fáceis, a ponto de tudo parecer um sonho, uma utopia: "Sim, um momento fui outro: vi, vivi, em outrem, essa alegria humilde e humana de existir como um animal em mangas de camisa. Grande dia que me fez sonhar assim!" (p.339).

Talvez essa arte tenha um nome ou uma chave: ternura. Fernando Pessoa, em seus instantes mais otimistas, nos propõe uma antropologia terna, que parta do princípio de que somos transeuntes "de tudo" (p.214), de que nada nos diz nada (p.48), e de que muitas vezes é "um tédio de nojo" (e não a educada "antipatia" de Simmel) que nos liga a nossos semelhantes (p.294), mas que possa, apesar de tudo (e não superando tudo), criar um espaço de compreensão do modo de vida e da visão de mundo dos Outros.

Essa ternura, "Fernando Pessoa" sentiu, é claro, a andar pela rua:

> Descendo hoje a Rua Nova do Almada, reparei de repente nas costas do homem que descia adiante de mim. Eram as costas vulgares de um homem qualquer, o casaco de um fato modesto num dorso de transeunte ocasional. [...] Senti de repente uma coisa parecida com ternura por esse homem. Senti nele a ternura que se sente pela comum vulgaridade humana (p.101).

Logo, a ternura dirigida a um indivíduo, transforma-se em sentimento geral:

> Desvio os olhos das costas do meu adiantado, e passando-os a todos mais, quantos vão andando nesta rua, a todos abarco nitidamente na mesma ternura absurda e fria que me veio dos ombros do inconsciente a quem sigo (p.102).

A ternura é "absurda e fria", mas não deixa de ser ternura. É ela, fantasiada de saudades que reencontramos no último trecho do *Livro do desassossego* (um livro inacabado, como convém a livros tão ternos), com o narrador sempre a andar pelas ruas de uma metrópole:

> Saudades! Tenho-as até do que me não foi nada, por uma angústia de fuga do tempo e uma doença do mistério da vida. Caras que via habitualmente nas minhas ruas habituais — se deixo de vê-las entristeço; e não me foram nada, a não ser o símbolo de toda a vida (p.418).

Simmel, quase como num conselho, dizia ser perigoso cultivar esse tipo de sentimento em meio a uma multidão metropolitana. Não podemos sentir saudade de (ou ternura por) todo mundo que passa numa rua. É até um conselho sensato. Mas os heterônimos de Fernando Pessoa não podem pautar suas vidas por esse gênero de recomendação. Outros tipos soberanos de personalidade também gostam de contrariar palavras prudentes, correndo riscos de todo tipo na sua desequilibrada "economia de sensações".

Clarice Lispector, por exemplo, era uma adepta de experiências emocionais/poéticas/antropológicas — como o "estado de graça", detonado sobretudo por situações banais do cotidiano urbano — que beiravam os "estados psíquicos inimagináveis" de Simmel. Seria bastante enriquecedor estabelecer uma comparação entre Fernando Pessoa e Clarice Lispector, entre a Lisboa do *Livro do desassossego*, vista principalmente de dentro dos "eléctricos", com o Rio de Janeiro de *A descoberta do mundo*, visto principalmente de dentro de um táxi. Como também seria certamente interessante pensar a Sevilha (e o Recife) de João Cabral de Melo Neto, ou a Viena de Robert Musil, entre muitas outras cidades "literárias", como mundos etnográficos "paralelos" que podem complexificar, geralmente com uma "ternura" imprudente (não prevista nas cartilhas sobre o "trabalho de campo"), o olhar antropológico que tenta decifrar os enigmas da metrópole e de suas vidas mentais.

Falando de "ternura" parece que nos afastamos demais da atitude blasé de Simmel. Mas não estamos tão longe assim de sua influência. Só se pode ter "vidas mentais metropolitanas" semelhantes àquelas descritas no *Livro do desassossego* quando já se foi blasé, quando se é basicamente blasé, ou quando não é mais necessário superar essa atitude. O próprio Simmel terminou a sua famosa conferência dizendo que a "metrópole se revela como uma daquelas grandes formações históricas em que correntes opostas que encerram a vida se desdobram, bem como se juntam às outras com igual direito" (Simmel, 1979, p.25). Por que não, se assim as "forças da vida" são, uma atitude blasé terna ou uma ternura blasé? Se assim for, ou se essas atitudes permanecerem opostas mas juntas, "não nos cabe acusar ou perdoar, senão compreender" (idem).

Notas

1. Aqueles “que visam determinar o modo de vida de dentro, ao invés de receber a forma de vida geral e precisamente esquematizada de fora” — idem, p. 15.

2. Não é isso que os video-games, shopping centers, e softwares tipo windows tentam ensinar para nossos adolescentes?

3. Parece David Cronenberg, ou J.G. Ballard, mas não é!

Referências Bibliográficas

PESSOA, Fernando. 1999. *Livro do desassossego*. São Paulo, Companhia das Letras.

PRADO COELHO, Jacinto de. 1999. “Fernando Pessoa sempre existiu”, in: PESSOA, Fernando. *Livro do Desassossego*. Lisboa, Ática, p.vii-xxiii.

SIMMEL, Georg. 1979. “A metrópole e a vida mental”, in: VELHO, Otávio (org.). *O fenômeno urbano*. Rio de Janeiro, Zahar, p.11-25.

Nas margens... do rio: retóricas e performances do rap em Portugal

Teresa Fradique

A primeira vez que olhei a música rap[1] como um possível *objecto de estudo antropológico pertinente* foi não só bem precisa (no tempo e no espaço) como surpreendente e ingénua. Em 1995 o rapper carioca Gabriel O Pensador deslocou-se pela segunda vez a Lisboa para apresentar o seu álbum prestes a sair *Ainda é só o começo* (Sony, Chaos, 1996). Nesse dia o grupo português Da Weasel[2] estreava-se para o grande público e ainda se vivia a efervescência da edição da colectânea *Rapública*[3].

Uma das razões que me levou ao Pavilhão Carlos Lopes, onde Gabriel actuou naquela noite, foram as letras de temas como "Lavagem cerebral" ou "Estudo errado". Textos perspicazes e inteligentes, afirmativos de uma forma que eu, na altura recém-licenciada em antropologia, pensava conterem *algo* de olhar antropológico. Hoje sei que o trabalho deste rapper, no contexto da sociedade brasileira e, sobretudo, do movimento hip hop é tudo menos consensual, reflectindo as contigências da profissionalização e utilizando uma forma de expressão que assume a retórica da autenticidade a partir de uma experiência associada à "vida da rua".

Durante o concerto, lembro-me de observar longamente o rapper português Boss Ac que se destacava num grupo cujas conversas se desenrolavam numa mudança permanente de registo entre o crioulo e o português. Nesse momento tornou-se clara, e quase incontornável, a existência (tomando aquele espaço no seu conjunto) de um "filão" antropológico a explorar. Na altura, "a pertinência" — essencial ao esboço de qualquer objecto de estudo — residia naquilo que me pareceu serem os sinais de uma certa tensão entre elementos tradicionais (remetendo para noções como ritual, oralidade, ou performance) e elementos contemporâneos (associados a noções como globalização, urbanidade, ou cosmopolitismo), onde uma noção de "africanidade" fluída e superficial teve, confesso, um papel importante.

Essa primeira impressão, algo ingénua, de estar perante uma forma de expressão autónoma e de fronteiras bem definidas, depressa se desvaneceu reduzindo-se a uma espécie de motivação iniciática. E, com o decorrer da investigação,[4] logo percebi que este objecto de estudo era mais uma forma de abordagem de áreas da sociedade portuguesa ainda pouco analisadas, e em emergência, do que um exercício de descrição de uma forma (ou será antes fórmula?) de expressão cultural auto-suficiente.

Assim surgiu a questão primordial: por que a música rap, produzida em Portugal, e ao contrário do que acontece noutros países, remete para um discurso politicamente correcto, ou seja, fala da tolerância, da não-violência, da luta contra a droga, a SIDA e o racismo? Foi a partir desta constatação que comecei a interessar-me pelo processo que permitiu que a música rap e os seus protagonistas — os rappers — adquirissem uma visibilidade considerável no seio da sociedade portuguesa. Uma visibilidade que, ao não ser dada a outros estilos musicais, ultrapassava por isso a questão musical em si. Intrigava-me o que faria com que os rappers fossem requisitados para produzirem opiniões e tomarem pontos de vista sobre determinados acontecimentos da "vida nacional"; participarem em debates; em campanhas políticas; em spots de publicidade. Denominei este processo de entrada do rap para o *mainstream* cultural da sociedade portuguesa, sendo que a sua compreensão está intimamente ligada à situação específica em que esta se encontra: uma situação de colonialismo tardio e um contexto de pós-colonialidade recente e em emergência. Neste sentido a música rap surge como uma forma de expressão que mobiliza gentes, linguagens, estéticas e espaços novos, a partir de memórias e contextos antigos e silenciados.

A sociedade portuguesa da segunda metade do século XX tem sido caracterizada por um fluxo intenso de pessoas que seguem direcções contraditórias e, por isso, talvez únicas na Europa. Da metrópole partiram (legalmente) "colonos" para os núcleos do império; em sentido contrário, rurais e intelectuais seguiram (clandestinamente) rumo a uma "Europa mais Europa". Com o processo de descolonização e com a Revolução de 25 de abril de 1974, o fluxo inverte-se e voltam para "casa" os exilados, categoria que passa a ser aplicada a um outro fluxo para o exterior: o das "famílias de posses" e empresários, que seguem rumo ao Brasil. As "comunidades" de portugueses que permanecem em França, na Suíça ou na Alemanha, mesmo após a queda do regime, iniciam aquilo a que se poderia chamar de *diáspora portuguesa*, de onde emergem *novas identidades transnacionais*. Por outro lado, Portugal é re-habitado pelo êxodo das colónias que, entre "colonos" e "ex-colonizados", é composto por um grupo heterogéneo, cultural e socialmente ambíguo, formado por não-continentais que, no entanto, nunca deixaram de ser cidadãos portugueses[5]. Uma experiência de deslocamento e reinserção que tem ficado, até hoje, votada a um estranho silêncio levado a cabo não só por grande parte dos indivíduos que a viveram, mas também pelas políticas nacionais e pelas próprias ciências sociais. Durante os anos 80 o fluxo dos Países Africanos de Língua Oficial Portuguesa (Palops) aumenta consideravelmente, assumindo agora os contornos de um movimento migratório motivado por razões económicas (Machado, 1994: 112), aproximando-se assim dos movimentos de massa que ocorrem à escala global e que desenham *novas cartografias de intersecção* (Brah, 1996),[6] reformulando os contornos das sociedades ocidentais. Resumindo numa frase, Portugal torna-se numa sociedade pós-colonial à moda da Europa.[7]

Todos estes fluxos — do pós-II Guerra, ao pós-25 de Abril de 1974 — vieram ocupar as cidades, recriando-as e reescrevendo as suas geografias. Uma das principais características deste novo espaço consiste no facto de não ser gerido segundo um modelo clássico de apropriação e significação a partir de memórias sociais, mas antes habitado por núcleos familiares cujos pais são originários de outros lugares (sejam eles a antiga colónia portuguesa, a aldeia no interior ou a recém-nascida nação africana).[8] Neste sentido estamos a falar de um lugar virgem e, por isso, amplamente aberto à construção de novas identidades juvenis baseadas na apropriação (simbólica, se quisermos) desse espaço urbano de ninguém. É destes novos espaços e da cultura suburbana que deles emergiu que surge a estrutura de interacção social e organização do quotidiano que permitiu a formação das comunidades juvenis que escolheram o hip hop (entre outros produtos culturais) como fórmula de crescimento.

A condição necessária para entrar no movimento hip hop em Portugal passa exactamente pela vivência do espaço urbano, pela sua codificação. Aquilo a que os membros da cultura hip hop chamam de experiência da rua, da *life in the street*. Esta experiência não significa apenas uma relação com o local físico onde se habita, mas também, e sobretudo, uma forma de organização quotidiana e mapeamento das relações pessoais e de grupo que se baseia na criação de um mapa alternativo da cidade e dos seus arredores. Este mapa serve para re-orientar fluxos que contrariam as direcções convencionais — periferia — centro — periferia — traçadas pelas administrações do território urbano e cumpridas por grande parte dos citadinos (trabalhadores/adultos). A circulação da cultura hip hop percorre bairro a bairro, numa espécie de *expedição* que reserva o centro para ocasiões especiais.

Os rappers, a música e espaços de interacção que criam têm vindo a ser utilizados pelo discurso público,[9] em geral, e pelos *media*, em particular, como um pretexto e uma forma de mediação na tentativa de tornar visíveis e representáveis os processos culturais que resultam dos novos espaços e fluxos urbanos que emergem do contexto pós-colonial. Mas o espaço social que a música rap e os seus praticantes ocupam na sociedade portuguesa é só aparentemente claro e bem definido; se nos disponibilizarmos a uma abordagem mais aprofundada, percebemos que estamos perante um terreno ambíguo e contraditório. Para além de um rap (forçadamente) "institucionalizado" que representa uma nova categoria da música nacional — entre 1992 e 1995 a imprensa musical descobre aquilo que veio a denominar como "movimento hip hop português" ou "nova alma da produção nacional" —, existem espaços e relações fluidos, itinerantes e por vezes conflituosos em que se produz, consome e celebra este estilo musical.

Tal como muitos outros estilos musicais, também a música rap produziu uma história mítica, não apenas no seu país de origem (os Estados Unidos da América), mas igualmente nos países onde é re-apropriado de forma a produzir manifestações locais a partir de formas de expressão cultural globais. Em Portugal, a história da emergência da música rap está estritamente ligada aos novos espaços urbanos acima referidos. A ligação da sua prática ao espaço geográfico é de tal modo importante que António Contador e Emanuel Ferreira (os autores do único livro sobre rap editado em Portugal) chegam a afirmar que "*Miratejo está para o rap em Portugal, como o Bronx está para o rap nos Estados Unidos*". (1997: 165). De facto, a margem sul do rio Tejo, no prolongamento suburbano da cidade de Lisboa, ocupada por uma população jovem e maioritariamente migradora, tornou-se num dos maiores palcos das novas formas de sociabilidade urbana. Aqui a abordagem da música rap tem sido feita através da partilha e da contaminação de gostos e de identificações entre grupos de amigos, encontrando-se dependente de itinerários de acesso a bens culturais assentes nas redes de sociabilidade onde a vizinhança, a escola e a família surgem como ancoradouros fundamentais.

No caso dos jovens negros portugueses, o rap funcionou como a estrutura de significação que permitiu conferir sentido à experiência da diáspora. A "descoberta" de uma 'cultura' alternativa à dos seus pais possibilitou não só criar novas identidades diaspóricas como legitimar a sua visibilidade — tornou-se assim possível aceder a locais públicos e encontrar espaço social para os "grupos de negros". Aqui, o rap ultrapassa em muito o seu estatuto de expressão musical para passar a funcionar como uma cartilha onde se aprende uma nova "interacção" e linguagem que permite preencher uma identidade suburbana "negra" em construção.

Como alternativa à experiência que dizem ser a dos seus pais — ainda demasiadamente marcados pelos valores e condutas impostas pelo colonialismo, optando por se refugiarem em redes de relações fechadas — estes jovens procuram no rap os instrumentos necessários para lidar com as novas regras e novos espaços criados pela sociedade pós-colonial em emergência. A experiência da multiculturalidade juvenil e da criação de redes de sociabilidade e lazer regidas por fluxos completamente diferentes daqueles que caracterizavam a época do regime do Estado Novo (e que marcam os jovens urbanos portugueses na sua totalidade) implicou a criação de novas formas de expressão e a definição de novos contextos, dos quais os seus protagonistas têm uma clara consciência. No discurso dos rappers que assistiram e participaram na emergência do fenómeno, é visível a consciência de se estar a "fazer história", a "inovar" e a pesquisar novos caminhos, ou seja, a criar novos espaços geográficos, sociais e simbólicos na cidade e nos seus arredores.

Na época da edição da colectânea discográfica *Rapública*, os rappers originários de vários pontos dos arredores de Lisboa e alguns (menos) que habitavam o interior da cidade juntavam-se no Cais do Sodré, uma zona central junto ao rio onde se situam dois importantes terminais (um fluvial e outro férreo) que fazem a ligação à margem sul e à linha do Estoril. Vivendo uma experiência que produziu um discurso assente na consolidação do *movimento* através de noções de união e solidariedade, as posições relativas, que cada grupo tomava no movimento em afirmação, estavam ligadas de maneira muito forte àquilo que poderíamos chamar de uma identidade geográfica. A identidade colectiva (ditada pelos princípios da cultura hip hop) associada a essa identidade geográfica é bem visível na imagem que ilustra a capa do disco *Rapública*: num mapa que representa a área metropolitana de Lisboa, dividida pelo rio Tejo, são assinalados os locais onde o hip hop marca presença (na margem norte: Belém, Caxias, Paço de Arcos, Oeiras, Carcavelos, Estoril, Rio de Mouro, Queluz, Amadora, Barcarena, Carnaxide, Benfica, Odivelas, Lumiar, Oliviais; na margem sul: Almada, Cacilhas, Caparica, Barreiro, Amora, Baixa da Banheira, Paio Pires, Fonte da Telha, Fernão Ferro). Um dos aspectos mais interessantes deste mapa é a oposição entre uma sinalização densa nos arredores da cidade e a sua total inexistência no seu centro. De facto, alguns rappers habitam o centro, mas este parece não funcionar como um elemento identitário.

O ajuntamento de grupos vindos da periferia para o centro da cidade de Lisboa, que é notório desde os primórdios da visibilidade do movimento hip hop em Portugal, permanece como indicador de um dos paradoxos mais interessantes em que a experiência[10] da música rap assenta: se, por um lado, esta vive da representação de espaços urbanos delimitados simbólica e geograficamente (verbalizada através de expressões como "*Miratejo is in the house*"; "*Carcavelos is in the house*" etc.), por outro lado a sua prática e consumo assume muitas vezes características de uma desterritorialização. Apercebi-me deste paradoxo durante o trabalho de campo, quando acompanhei pelo período de cerca de quatro meses um evento intitulado *Ataque Verbal — Noites Hip Hop*, que teve lugar no bar Johnny Guitar, no centro da cidade de Lisboa.[11] Uma das particularidades destas reuniões semanais consistia no facto de incluirem (por volta da 1 hora da manhã) sessões de *free-style* ou de *mike aberto*.[12] Sendo um bar geralmente conotado com a música rock (uma das expressões musicais face à qual a maioria dos rappers demonstra uma quase total incompatibilidade), este mostrou ser um interessante exemplo daquilo que denominei como capacidade de criação de um espaço de prática de música rap e de legitimação de um acontecimento como acontecimento de hip hop (ou hip hop party).

Em Portugal, os espaços públicos em que se *performa*[13] o rap, e se celebra a cultura juvenil urbana de que este faz parte, são espaços diversificados e complexos. Ora frequentados maioritariamente por rappers, ora por um público mais generalizado, acontecem quer em discotecas de grandes dimensões, em pavilhões desportivos ou tendas de circo; quer em pequenos bares ou em sociedades recreativas de bairro. Os acontecimentos são divulgados tanto através de cartazes espalhados pela cidade e falados nos *media*, ou sabem-se apenas de boca em boca. Para complicar ainda mais, a adesão por parte da comunidade hip hop a eventos públicos onde a música rap está presente é inconstante. Há, no entanto, um aspecto muito importante que caracteriza todos estes espaços: são locais criados, ocupados ou conquistados.

A este propósito não posso deixar de referir a investigação que Hermano Vianna desenvolveu, nos finais dos anos 80, em torno dos *bailes funk* dos subúrbios do Rio de Janeiro (Brasil) que, segundo o autor "não existem (...) em nenhum outro lado do mundo" (Vianna, 1997: 101). Neles a música associada ao hip hop desempenha um papel fundamental. Se por um lado existem diferenças visíveis e fundamentais entre os *bailes funk cariocas* e as *hip hop parties* em Portugal — como a continuidade e diversidade dos locais, o número de participantes, o facto dos "dançarinos" terem "uma relação descartável com as músicas que tocam no baile" (1997: 104) — por outro lado existem algumas semelhanças fundamentais. Antes de mais, Vianna afirma que, apesar dos bailes ocorrerem todos os fins-de-semana nos mesmos locais, eles são marcados pela efemeridade. As fidelidades e celebrações que evocam podem não ser dirigidas à música ou a uma "cultura" (hip hop), como em Portugal, mas a continuidade e manutenção da festa está ligada, tal como observei em relação ao Johnny Guitar, a um contexto exterior ao acontecimento:

> A amizade parece ser a única coisa que permanece no mundo funk carioca. Os grupos já vêm formados de fora, quase sempre pessoas que moram na mesma rua, na mesma favela. (...) O baile é a celebração da

amizade, de certos laços de vizinhança, mas isso não quer dizer que um dançarino não possa ter outros amigos, em outros lugares, com quem vá a outras festas (1997: 104-110).

O interesse das sessões de *Ataque Verbal* do Johnny Guitar enquanto objecto de estudo intensivo residiu na possibilidade de acompanhar um exemplo de processo de ocupação/criação de um *espaço hip hop*, ocorrido durante as noites de quinta-feira num bar de rock, em Lisboa. A análise cuidada de um espaço efémero, mas consistente, de performance e celebração do rap permitiu perceber, de forma elucidativa, os fluxos e movimentos de apropriação que tornam um local sem qualquer relação com o hip hop num espaço de celebração dessa "cultura".

Um dos aspectos mais interessantes da sua análise residiu na própria evolução e contornos que esse processo de ocupação foi assumindo. As primeiras sessões foram marcadas pela escassez de público e por um ambiente de confraternização, tolerância e apelo à participação indiscriminada de todos os que tivessem interessados em divulgar a sua mensagem. Mas com o decorrer das semanas foi-se instalando uma geografia densa que reflectia não só diferentes posições e identidades geográficas como diferentes posturas face ao movimento, aos estilos e estéticas musicais a que a música rap permite aceder. Assim, do ambiente de condescendência e tolerância passou-se para um clima de competição e desafio. Um mapeamento do espaço foi sendo desenhado com uma nitidez crescente quando os grupos, ocupando de sessão para sessão os mesmos lugares, dividiram o bar em duas partes — de um lado a "margem sul", do outro a "margem norte" (do rio Tejo).[14]

A forma como o Johnny Guitar se foi constituindo como um espaço específico e as interacções que nele se criaram poderão suscitar várias leituras. A fragmentação representada no palco e nas rimas tem, assim, de ser lida num contexto mais alargado. Por um lado ela reflecte outras divisões verificadas no interior do movimento e que estão relacionadas com o seu desenvolvimento e diversificação. A divisão geográfica e a retórica da rivalidade que a sustenta é reafirmada através de outras bi-polarizações, das quais se destaca a que opõe rappers que se consideram *underground* (e que acusam outros de serem comerciais ou *sell-out*) a rappers com discos editados. Mais do que um confronto entre diferentes opções estéticas e ideológicas, esta dicotomia reflecte um confronto geracional relacionado com a (violenta) entrada do rap produzido em Portugal no mercado discográfico, com a saída dos primeiros trabalhos fruto de uma relação contratual com as editoras e consequente profissionalização de alguns rappers da chamada primeira geração.

Uma outra leitura importante prende-se com a evolução para o que se poderia denominar como um "internismo" cada vez mais visível e para a continuidade de um discurso que se impunha de semana para semana. Este aspecto levou a que, das primeiras sessões em que se cruzavam curiosos, frequentadores habituais do bar e rappers, se tenha verificado, a partir de determinado momento, a ausência quase total dos primeiros, ficando o espaço dominado pelos últimos.

Resta ainda uma leitura essencial à comprenssão das dinâmicas criadas pela prática de música rap neste espaço concreto. Aqui a noção de performance cultural proposta por Bailey (1996) surge como bastante eficaz, já que as sessões do *Ataque Verbal live & direct* constituiram um excelente exemplo de como a performance se pode transformar num debate onde são apresentados mais do que um ponto de vista, obrigando a audiência a escolher qual deles assumir. Este efeito é conseguido através da prática da "encenação" (*putting on an act*) (1996: 8), onde se calcula o efeito que as atitudes tomadas em palco poderão ter fora deste. Neste caso os rappers actuam para os membros do *movimento* e é neste contexto que as suas prestações devem ser lidas. Mas a diversidade das formas de atribuição de significação que utilizam o mesmo material significativo — o rap — leva a que este espaço de performance se transforme num palco daquilo a que Bailey chama de "*polysemous communicative virtuosity*" (1996: 9). Aqui a "performance cultural" desdobra-se em múltiplas performances, cada uma dirigida a uma audiência diferente — a do seu grupo, do seu bairro ou da sua zona. Assim, uma leitura que não levasse em conta a continuidade dos acontecimentos, as conquistas subtis do espaço físico e do tempo de participação no *free-style* não veria mais do que um conjunto de intervenções desconexas, agressivas e inconsistentes. Ou pior, não veria mais do que um acontecimento engraçado, exótico e inconsequente.

Por fim resta a leitura de uma das principais características emocionais que se viveram no espaço criado no Johnny Guitar e que pode ser genericamente descrita como a emergência de um "clima de tensão" — que atingiu o seu auge num conflito que levou ao encerramento das sessões. Este "clima de tensão" quase constante resultou em grande parte dos momentos mais fortes e esperados — os *free-styles* — onde, mais do que produzir música, se está a *representar* algo, a dizer alguma coisa, a marcar uma posição, a depositar uma mensagem.

Neste sentido a performance do rap durante os *free-styles* e improvisos funciona como uma simplificação da realidade na medida em que os participantes estão a representar um papel, inspirando-se em padrões ou estereótipos e utilizando como principal instrumento a retórica. Os conflitos performados no palco correspondem à encenação de actos reais ou simbólicos que permitem imaginar a comunidade hip hop (mapeando as suas heterogeneidades e alianças). Só assim poderemos perceber as especificidades e nuances de um discurso produzido para o palco e que não tem uma correspondência literal fora deste, já que alguns elementos dos grupos que aí se apresentavam como rivais se encontram e convivem no quotidiano. É que, para lá do Johnny Guitar, as fronteiras que definem a "margem sul" e a "margem norte" diluem-se numa itinerância que implica não só visitas regulares inter-bairros e inter-margens, como colaborações e troca de saberes mútuos (quer na gravação de *mix tapes*[15] em conjunto, quer na colaboração na produção de temas).

Por outro lado, na experiência quotidiana dos bairros surgem ainda micro-fronteiras e divisões que não passaram para o discurso no palco e que correspondem a diferentes posturas na forma de encarar o rap (por exemplo, entre os grupos da margem sul existem perspectivas por vezes incompatíveis mas que, no entanto, não impossibilitaram que durante o free-style um colectivo de grupos se apresentasse sob a égide de uma mesma *clique* ou "família")[16].

A noção de representação ou de *representing* surge como central na prática de música rap. Aliás, durante uma entrevista, um (ex-)rapper apresentou uma definição de rap tão simples, sintética e afirmativa que nunca mais a esqueci. Continha apenas três palavras: "Rap é representar". A partir desta ideia de representação e das desconexões que esta manifesta em relação à vida quotidiana e às práticas de música rap *off-stage*, é possível perceber que, apesar de por detrás de um grupo ou de um MC se encontrar sempre um bairro ou uma zona, estamos perante um mapeamento da cidade que é ambíguo. Como já afirmei, a cidade desenhada no espaço do Johnny Guitar, simetricamente dividida, não corresponde às geografias do quotidiano. Por outro lado, o discurso sobre os espaços e tráficos da cidade (com as suas rivalidades e heterogeneidades) é sempre acompanhado por um discurso de apelo à união do movimento. Estamos portanto perante um discurso que é não só retórico como metafórico, já que as mesmas categorias geográficas norte/sul podem ser alargadas a outras escalas e significar outras "batalhas".

Esta transposição da bipolarização foi particularmente nítida num episódio que envolveu o grupo Mind Da Gap,[17] oriundo da cidade do Porto (a segunda cidade portuguesa, situada no norte do País).

Numa entrevista cedida ao suplemento musical do diário *Público* a propósito do seu primeiro disco, os membros do grupo fazem a seguinte afirmação: "Temos a preocupação em fazer alguma coisa de diferente do que tem sido feito cá. Somos principalmente influenciados pelo hip-hop de Nova York (...). Não quisemos disfarçar samples ou tocar com uma banda (...)." (In *Público/Pop Rock*, 25.10.95: 3). Esta afirmação foi interpretada por vários elementos do movimento (e por alguma imprensa musical) como uma tentativa de demarcação de uma diferença entre o tipo de som produzido pelos grupos do Porto e aquele produzido pelos de Lisboa. Esta tentativa de demarcação não foi bem aceite, já que vários grupos de Lisboa reclamam também para si uma influência do tipo de sonoridade tida como característica da East Coast (Nova York).[18]

Instalado um discurso em torno de uma rivalidade entre o som do Norte e do Sul, os Mind Da Gap apressaram-se a incluir no seu primeiro álbum de longa duração (*Sem cerimónias*, 1997) um tema intitulado justamente "Norte/Sul", que contou com a participação dos MCs Pac Man e Virgul da banda Da Weasel (originários de Almada, na margem sul do rio Tejo).

Refrão:
Em que equipa é que jogas, de que lado é que estás?
Norte-Sul, Este-Oeste de Portugal tanto faz
Por que equipa é que marcas, qual o lado que defendes?
Representa a tua zona mas vê lá se não ofendes.

MC Pacman:
Yo! Paz para Almada e Lisboa, toda a paisagem à toa,
Que se foda quem me abraça e nas costas m'atraiçoa.

É bom que uma coisa fique bem clara, desde o início
O puto Pac'tá no mike a alimentar o vício.
Toma lá um rebuçado, embrulhado,
Em rimas de alta qualidade, está comprovado.
Represento Almada sem nenhum problema
Tenho orgulho na minha cidade mas não é, nunca foi, coisa extrema.
Não me interessa de onde vens mas sim quem és tu.
*E se estás nisto pela pica ou apenas pelo cumbu**.
"Faço-te a folha se vieres ao Porto";
"Aparece em Lisboa e és um homem morto"
Esta violência, demência, total inconsequência
Já começa a dar cabo da minha paciência.
Arrebento microfones, no Norte ou no Sul,
'Tá-se cool, 'tou-me a cagar tal como o Virgul.

MC Virgul:
Southside representer, represento a margem Sul.
I'm Da Weasel representer, listen to me'n stay cool.
Falo, digo e repito e canto e não disfarço
tenho orgulho naquilo que sou, tenho orgulho naquilo que faço.
Não tento esconder qualquer rivalidade, mas não sou rival
Mas fico fodido, flipo, quando escuto e falam mal
De mim, dos DW, ou mesmo qualquer outro,
Não respeitas as minhas ideias e declara-te um homem morto.
Mas p'ra qu'entendas a minha mensagem, aqui tens a minha resposta
*Rivais só no futebol, Manuel Damásio*** *e Pinto da Costa****.
Rivalidade não é o meu power, o meu power é o Rap,
Hour after hour, fala Virgul e Mind Da Gap.

Refrão

MC Ace:
Norte a Sul, represento, sempre sem preconceito
Respeito quem me respeita, por isso eu aceito
Qualquer côr, qualquer raça qualquer nacionalidade,
Qualquer zona do país, seja qual for a cidade.
A disputa Norte-Sul, resulta de frustações pessoais,

---

* Dinheiro.

** Presidente do Sport Lisboa e Benfica (à época).

*** Presidente do Futebol Club do Porto.

De gente sem valor que manipula opiniões dos demais.
Fruto de ambições políticas e de dogmas inquestionáveis,
Somos levados a julgar, sentenciar como abomináveis.
Não gosto de falsas verdades, se calhar é teu complexo,
Desculpem lá mas esta rivalidade não tem nexo.
Perplexo, ficas co'as dicas do Pacman e do Virgul,
Mind Da Gap e Da Weasel representam Norte Sul.

MC Presto:
Norte-Sul, Este-Oeste, Latitude ou Longitude.
Nosso estilo universal corresponde, não desilude.
Nascente-Poente, é omnipotente quem represente.
Incongruente, é quem rivalidades fomente.
É fácil, com MDG, quem ganha é você.
Não adianta argumentar, é simples como ABC.
Há diferenças, claro. Tem de haver, ninguém é santo.
No nosso campo infiltrou-se um negro manto.
Boatos de quem diz mal de quem corre o país
Apesar de sermos bonzinhos como Francisco de Assis.
(N. Carneiro, H. Piteira, C. Nobre, B. Silva/R. Sá)
Mind Da Gap, *Sem Cerimónias*. Editora Norte-Sul. 1997.

O que esta letra deixa bem visível é que o tema inspirado numa hipotética rivalidade entre o Norte e o Sul serve como ponto de partida para a afirmação de outras convicções e para falar das rivalidades em geral. Tal como os *free-styles* de improvisação, acaba por funcionar como um pretexo, ou melhor, uma estrutura que permite divulgar posições e transmitir mensagens, acabando por reproduzir a própria bi-polarização que procura combater. Assim como a rivalidade margem sul/margem norte performada no Johnny Guitar é anulada pelas relações quotidianas inter-margens, também esta bipolarização é anulada por práticas *off-stage*, já que vários grupos do Porto mantêm relações assíduas com alguns grupos de Lisboa, ambos marcando presença em eventos (*hip hop parties*, sobretudo) organizados ora numa, ora noutra cidade.[19] Exemplo disto é uma mix tape produzida recentemente por DJ Cruz (de nacionalidade brasileira e que, juntamente com o DJ Assassin, forma o duo Scratching Furious Turntablist) intitulada *Lisboa e Porto Connection*, composta por um "Lisbon Side" (com participações dos Micro, MC Valete, MC Double V, das Backwords, da Mafia Sul e do MC Rídiculo) e um "Porto Side" (com participações dos Dealema, MatoZoo, Círcuito Secreto, Ace, Johnny Def e Triângulo Dourado).

Um dos principais argumentos que procurei desenvolver a partir da abordagem da música rap em Portugal consiste na afirmação de que o rap não se constitui como uma forma cultural autónoma e cristalizada, mas passa antes por uma constante definição e redefinição por parte dos indivíduos que o produzem e consomem. Não tem território fixo, nem protagonistas tipo, definindo-se em torno de instrumentos simbólicos (como a roupa, a linguagem ou gestos), específicos mas manipuláveis, segundo diferentes formas de apropriação. Assim, ser rapper faz parte de um projecto construído a partir de um vasto "campo de possibilidades" (Velho, 1994)[20] de produtos culturais e ideológicos acessíveis aos jovens e capazes de oferecer fórmulas eficazes de constituição de significação em torno da sua experiência quotidiana.

Se bem que o rap tem servido como um instrumento altamente capitalizável na construção da identidade "racial" e social, a sua performance e produção parecem servir objectivos bem mais alargados na construção de identidades juvenis. A prática de música rap está assim muito mais ligada a esses novos espaços e contextos metropolitanos surgidos da recomposição da sociedade portuguesa do que a indicadores sociais convencionais como raça e classe.

Se ser rapper não é nunca fruto de um acaso; e se categorias convencionais como "raça" e "classe" parecem ter perdido parte da sua operacionalidade no que diz respeito à caracterização social dos jovens que integram o movimento hip hop, torna-se necessário aprofundar o conhecimento em torno das formas contemporâneas de prática cultural e formação de identidade em contextos metropolitanos e encontrar novas categorias que permitam aceder às negociações inter-culturais (*cross-cultural negotiations*) e às sociabilidades transraciais (*transracial sociability*) (Back, 1996) que caracterizam o "grupo social" do qual os rappers fazem parte. Penso que é na experiência quotidiana e nas opções pessoais que podemos encontrar os elementos fundamentais de organização das ideias e concepções sobre o mundo e sobre si próprio que a adesão à cultura hip hop ajuda a construir.

Antes de mais importa fazer a seguinte pergunta: de que quotidiano estamos então a falar quando se trata da cultura hip hop? Num discurso em tom biográfico, Henry Giroux disseca teórica e analiticamente aquilo que é ser jovem em meio urbano multi-cultural:

> Aprendi como falar, negociar e me defender nesta estrada (na rua). ... Foi quando o meu corpo e a minha cabeça começaram a funcionar ao mesmo tempo. ... A vizinhança era o lar, e os meus amigos forneceram o santuário para falar e estar seguro — isso com uma fria indiferença, dado o fato de nenhum de nós ter expectativas quanto ao futuro (Giroux, 1996:5/9).

Esta fórmula, que combina a expressão intelectual e a expressão corporal, é crucial quando falamos da cultura hip hop onde a performance (através da dança, do *writing* e da palavra) está sempre associada a uma intenção, um *statement*. O estatuto abrangente de *border-crosser* (Giroux, 1996) ou de *outsider* (Becker, 1963) adquire-se pela experiência da marginalidade[21] integrada naquilo que o autor denomina de *fugitive cultures*, ou seja, estruturas juvenis que permitem construir diariamente a identidade, concretizada em projectos de criação de sentido para a experiência quotidiana da sub e multiculturalidade[22]. Se bem que este conceito não cubra a totalidade das experiências vividas em torno do rap e do hip hop, ele permite no entanto ilustrar consistentemente uma parte essencial do campo cultural e social que os enquadra. Por isso pode dizer-se que o rap funciona, entre outras coisas, como uma *cultura de evasão*[23].

Mas o percurso que é necessário fazer no esforço de sistematizar e actualizar a compreensão das manifestações de formas contemporâneas de prática cultural e formação de identidade em contextos metropolitanos juvenis, está repleto de cruzamentos e desvios. O seu interesse é tanto maior quando maior for a sua abertura a outros fenómenos que sustentam a criação de identidades urbanas. Por exemplo, as relações que podemos estabelecer entre a prática de música rap e práticas associadas à interpretação e experiência do fado, são de tal modo supreendentes quando gritantes. Se por um lado, este tipo de comparações se podem tornar perigosas, exigindo uma enorme subtileza e sentido crítico; por outro lado, a forma como os fadistas personificam identidades de bairro — mapeando o centro da cidade deixado vazio pelos rappers (que o utilizam apenas como um palco de identidades exteriores) — torna-se quase irresistível. A forma como Pais de

Brito conceptualiza esta prática, defindo-a como um "fenómeno cultural urbano", permite apontar já agumas direccções precisas:

> Há neste canto popular urbano, como noutros seus similares, algo de expressão própria a um universo comunitário, no sentido de auto-referenciado a si mesmo, falando dele, dos habitantes que o constituem, das suas alegrias e tristezas, veiculando a crónica mais ou menos efémera do seu devir e das suas frágeis condições de vida, tendo como efeito uma permanência de modelos de um discurso que por arrastamento, por repetição, se torna prisioneiro de um estilo. (Brito 1993: 163).

Os olhares (antropológicos) encontram-se no mesmo cenário. Provavelmente um dos mais complexos e desafiantes — a cidade. E as suas margens.

Notas

1. A expressão "rap" corresponde a uma sigla que significa "Rithm And Poetry", colocando ao mesmo nível os dois elementos fundamentais deste estilo musical: o ritmo e a palavra. Aqui, uma forma específica de verbalizar, a que se chama rappar (e que é diferente de cantar), é associada a determinadas inovações tecnológicas e de composição musical. É exactamente através de um novo tipo de percussão (que inclui técnicas como o break-beat, o scratching, o back-spin ou o beat-box) desenvolvido pelo DJ (disck jockey) e de uma verbalização poética em que o MC (Mestre de Cerimónias) se especializou, que é atingido o principal objectivo deste estilo musical — transmitir uma mensagem. A sua transmissão é conseguida simultaneamente através das rimas e da batida, sendo que a última, ao utilizar sons pré-produzidos, constitui uma parte significativa da narrativa, operando como um sub-texto. A música rap está incluída na auto-denominada cultura hip hop, uma expressão utilizada para designar um movimento multidisciplinar urbano e juvenil que integra ainda uma componente gráfica/visual intitulada graffiti e uma componente coreográfica denominada de break-dance.

2. Juntamente ao rapper General D, o grupo Da Weasel foi responsável pela edição dos primeiros discos de música rap produzida em Portugal (Da Weasel — *More Than 30 Motherf***s*, 1994, Ed. Margem Esquerda; General D — *PortuKKKal é um erro*, 1994, Ed. Emi-Valentim de Carvalho). Considerados pela imprensa musical como os fundadores do "rap português", ambos os projectos têm sido apontados por elementos pertencentes à cultura hip hop como inclassificáveis como "puro rap". Por seu lado General D optou por uma sonoridade que intitula de "afro-rap", enquanto que os Da Weasel (uma banda com composição característica da música pop — guitarra, baixo, sintetizador e bateria) se assumem como produzindo uma sonoridade fusionista.

3. O álbum intitulado *Rapública* foi lançado em 1994 pela editora multinacional Sony Music (a mesma editora de Gabriel o Pensador) e consistiu numa colectânea onde foi incluída grande parte dos grupos que faziam rap desde os finais dos anos 80 e início dos anos 90. Este acontecimento teve duas consequências que marcaram desde logo o

desenvolvimento deste estilo musical em Portugal: por um lado, o sucesso verificado por alguns temas incluídos no álbum levaram a que os rappers e as suas mensagens ganhassem relevo e visibilidade no seio da sociedade portuguesa; por outro lado, teve aqui início o processo de profissionalização de alguns grupos de rap aos quais foi permitido editar álbuns a solo. Até hoje, a edição e sucesso deste álbum é fonte de controvérsias no interior do movimento hip hop. A este propósito Contador & Ferreira afimam que "*Rapública* é um verdadeiro presente oferecido às tabelas de vendas em 94-95, vendendo cerca de 15 mil exemplares. Este êxito deve-se, em parte, ao hit "Nadar" dos Black Company (...) onde paradoxalmente o menos importante é o conteúdo, relegando para segundo plano o potencial impacto da atitude que norteia os rappers" (Contador & Ferreira 1997: 171).

4. A investigação a que me refiro, e que consitui a base do presente artigo, foi realizada no âmbito do Programa de Mestrado em Antropologia Patrimónios e Identidades (1995-97) e deu origem à dissertação intitulada "Culture is in the house": o rap em Portugal, a retórica da tolerância e as políticas de definição de produtos culturais (ISCTE/Departamento de Antropologia, Lisboa: 1998). Esta pesquisa foi realizada com uma bolsa de mestrado com a duração de dois anos, atribuída pela Fundação para a Ciência e Tecnologia no âmbito do Programa Praxis XXI.

5. No entanto e infelizmente, até hoje, o modelo de classificação colonial que vê uns como "mais portugueses" que outros mantém-se operante, ainda que sub-repticiamente.

6. Segundo Brah, as "cartografias de intersecção" (*cartographies of intersectionality*) são o resultado daquilo que a autora define como o "espaço diaspórico" (*diaspora space*) que implica uma série de outras noções: "As concepções de diáspora (*diaspora*), fronteira (*border*) e política de alocação (*politics of location*) são imanentes, e juntas marcam as conexões conceptuais para análises historicizadas dos movimentos populares trans/nacionais contemporâneos, informação, culturas, bens e capital. O lugar da imanência inaugura um novo conceito, o de espaço diaspórico" (Brah, 1996:16).

7. É inevitável referir que a integração de Portugal na União Europeia (1986) e a sua adesão aos Acordos de Schengen (1993), esta última durante o governo de Cavaco Silva (Partido Social Democrata), muito contribuíram para esta europeização da realidade pós-colonial portuguesa.

8. Aqui, não é tanto a composição do agregado familiar ou o fluxo migratório que é novo, mas antes o contexto histórico, social, geográfico e urbanístico que, no seu conjunto, criam um novo espaço.

9. A expressão "discurso público" é aqui utilizada para definir o veículo das representações sociais do senso-comum. Num mundo de globalização, de grande rapidez e alcance da informação, os discusos públicos são mais permeáveis incluindo e estruturando o conhecimento provenininte de diferentes áreas (política, institucional e das próprias ciências sociais).

10. Por experiência de música rap entendo não apenas a sua produção (a criação de temas originais por parte dos grupos de rap), mas também o seu consumo, quer este seja feito em casa, na rua com os companheiros do movimento ou em espaços públicos (discotecas, bares, concertos).

11. O Johnny Guitar é um bar com cerca de 90 m^2, situado na rua de Beneficiência, junto a uma importante zona da noite lisboeta. A sua relevância no circuito dos espaços

dedicados à música rap é absolutamente contextual. O protagonismo que lhe é conferido no presente artigo deve-se à agenda do trabalho de campo do investigador. Ou seja, no momento da pesquisa, ele funcionava como um espaço central, mas circunstancial, de concentração do movimento. Antes e depois deste período, outros espaços foram "ocupados" e posteriormente "abandonados". Estas "ocupações" são levadas a cabo por um núcleo "duro" de cerca de 50 elementos, que inclui rappers das duas margens do rio e que se auto-denominam como underground, responsáveis por uma parte importante da capacidade de itinerância, mobilização e dinamismo do movimento.

12. A noção de free-style tem, no âmbito deste estilo musical, dois principais sentidos: a) rappar recorrendo ao improviso; b) letras de rap em frases soltas, jogos de palavras. No presente contexto ela é utilizada para designar um espaço aberto, em que os MCs têm o microfone e o palco à sua disposição para improvisarem ou depositarem uma mensagem. Os free-styles são os momentos por excelência de demonstração de skills: estas prendem-se com as qualidades técnicas do acto de rappar (velocidade de verbalização, ritmo, dicção e capacidade de improviso).

13. Utilizo o termo performance no sentido em que estamos perante uma encenação, exibição ou publicitação de algo: por um lado, das atitudes características da "cultura" hip hop (que inclui as roupas, a dança); por outro, das mensagens contidas nas letras das músicas rap (quer estas sejam rappadas ao vivo ou gravadas).

14. Importa referir que a bi-polarização construída em torno das margens do rio Tejo tem, em grande medida, um valor metafórico cuja eficácia é reforçada pela imagem do rap americano. Este tem sido apresentado como composto por duas facções estilistica e ideologicamente diferenciadas e em permanente conflito: os grupos da Costa Leste (Nova Iorque) e da Costa Oeste (Los Angels).

15. A *mix tape* é uma cassete audio que inclui uma colectânea de temas (muitas vezes escolhidos por um DJ que faz as passagens e pode inclusive introduzir efeitos sonoros). Essas colectâneas podem incluir participações originais de DJs, grupos de rap ou MCs individuais. Quando feitas sem enquadramento discográfico, as mix tapes são gravadas por iniciativa do seu organizador, geralmente em estúdios "caseiros". O número de *mix tapes* produzidas em Portugal e que incluem grupos portugueses têm aumentado consideravelmente ao longo do último ano. O aumento de lojas conotadas com a cultura hip hop tem ajudado à sua divulgação e distribuição.

16. Importa referir que foram apontadas, por alguns rappers, razões de ordem "sociológica" para a diferença de atitudes entre os grupos que se reconhecem como fazendo parte de Lisboa e os grupos da margem sul. Para eles, o facto de muitos rappers da zona de Lisboa habitarem bairros degradados (esteriotipadamente apontados e mapeados pelos media como espaços de criminalidade, violência, caos e perigo urbano) onde o quotidiano é mais duro, poderá justificar uma atitude mais "séria" ou mesmo agressiva e a procura da demarcação de uma experiência à parte. De facto, as diferenças que se verificam nas políticas urbanísticas levadas a cabo pelas várias autarquias poderá constituir um factor de relevo.

17. O grupo Mind Da Gap é constituído por dois MCs — Presto e Ace — e por um DJ / produtor — C-Real. São dos poucos grupos que apresentam uma imagem classíca de um colectivo de música de rap, com DJ próprio que acompanha todos os espectáculo ao vivo. O grupo investiu desde o início na utilização de meios técnicos sofisticados, que caracterizam o som específico (ou mais "puro") deste estilo musical — a samplagem e consequente modificação de sons a partir do vinil. O acesso a este

tipo de material tem custos elevados, sendo que muitos dos grupos, sobretudo no início, recorrem apenas a caixas de ritmo mais simples ou a instrumentais pré-produzidos.

18. A criação desta polarização explora ainda uma outra diferença entre os grupos do Norte e do Sul e que se liga directamente às diferenças nas geografias sócio-culturais das duas cidades. A existência de uma "comunidade" de jovens negros nos subúrbios de Lisboa de consideráveis dimensões, que não se reflecte no espaço urbano do Norte, funciona como um elemento cristalizador da bi-polarização. Isto leva a que os rappers da região do Porto, que referem muitas vezes essa diferença nos contornos urbanos, procurem experiências alternativas, mas igualmente ligadas à crítica social e/ou à experiência de rua, para divulgarem as suas mensagens.

19. Um dos factores que parece consituir um elemento de união entre os vários grupos consiste numa atitude similar face ao modo de viver a prática do estilo muiscal. Os grupos que mais fomentam estas trocas nacionais, na sua maioria, não mantêm vínculos contratuais com editoras, ou seja, não entraram num processo de profissionalização oficial, tendendo a assumir uma postura que intitulam de *underground*.

20. Para Gilberto Velho: "Os projetos individuais sempre interagem com outros dentro de um campo de possibilidades. Não operam num vácuo, mas sim a partir de premissas e paradigmas culturais compartilhados por universos específicos. Por isso mesmo são complexos e os indivíduos, em princípio, podem ser portadores de projetos diferentes, até contraditórios." (Velho, 1994: 46). Ver ainda Velho, 1987.

21. O conceito de marginalidade não deve aqui ser confundido com o de criminalidade. Enquanto este último implica uma acção prevaricadora que pode não estar enquadrada numa prática de sociabilidade, o primeiro diz respeito à experiência da margem (em relação ao centro onde se encontram determinados serviços, a partir do qual são tomadas decisões políticas e institucionais, ou seja, onde se concentra o poder hegemónico) e implica, neste caso, a partilha e enquadramento dessa mesma experiência.

22. O conceito de multiculturalidade tem sido bastante contestado. Este é aqui utilizado com um sentido vasto de multiplicidade de "culturas" acessíveis e consumíveis, característica de muitos dos bairros das zonas periféricas das grandes cidades.

23. "Cultura de evasão" é a expressão que utilizo para traduzir o conceito de *fugitive culture* de Henry Giroux: "*Fugitive culture* designa menos uma formação cultural rígida que um conjunto conflituoso e dinâmico de experiências arraigadas numa cultura de uma jovem classe operária marcada por arroubos e intervenções ambíguas na vida quotidiana. ... A cultura operária na qual eu cresci incorporava o seu status fugidio como um emblema, mas não raro ignorava as contradições que lhe davam sentido. Não éramos suficientemente inteligentes para ver a contradição entre o racismo, a violência e o sexismo que marcou as nossas vidas e as nossas constantes tentativas de ir contra a corrente, investindo nos prazeres do corpo, no calor da solidariedade e na apropriação dos espaços do bairro, como espaços públicos fora da lei" (Giroux, 1996:8).

Referências Bibliográficas

Back, Les. 1996. *New Ethnicities and Urban Culture: Racisms and Multiculture in Young Lives*. Londres, University of London Press.

BAILEY, F.G. 1996. "Cultural Performance, Authenticity, and Seconde nature", in: PARKIN David, CAPLAN, Lionel e FISHER, Humphrey Fisher (orgs.). *The Politics of Cultural Performance.* Oxford: Berghahn Books, 1996.

BECKER, Howard. 1963 [1973]. *Outsiders*. Nova York, Free Press.

BRAH, Avtar. 1996. *Cartographies of Diaspora: Contesting Identities*. Londres, Routledge.

BRITO, Joaquim Pais de. 1993. "O fado", in: *Portugal moderno: tradições*. Lisboa, Pomo.

CONTADOR, António, C e FERREIRA, Emanuel L. 1997. *Ritmo & poesia: Os camihos do rap*. Lisboa, Assírio & Alvim.

GIROUX, Henry A. 1996. *Fugitive Cultures: Race, Violence & Youth*. Londres, Routledge.

MACHADO, Fernando L. 1994. "Luso-africanos em Portugal: nas margens da etnicidade", *Sociologia: Problemas e Práticas,* nº16, p.111-34.

VELHO, Gilberto. 1994. *Projeto e metamorfose: antropologia das sociedades complexas*. Rio de Janeiro, Zahar.

————. 1997 [1981]. *Individualismo e cultura*. Rio de Janeiro, Zahar.

VIANA, Hermano. 1997 [1988]. *O mundo funk carioca*. Rio de Janeiro, Zahar.

Colaboradores

GILBERTO VELHO é doutor em Ciências Sociais pela Universidade de São Paulo e professor titular de Antropologia Social do Museu Nacional da Universidade Federal do Rio de Janeiro (UFRJ). Publicou, por esta editora, *A utopia urbana* (1989, 5ª ed.), *Individualismo e cultura* (1999, 5ª ed.), *Subjetividade e sociedade* (1989, 2ª ed.), *Projeto e metamorfose* (1999, 2ª ed.), além de *Nobres & anjos* (FGV, 1998). Organizou, entre outros livros, *O desafio da cidade* (Campus, 1980), *Arte e sociedade* (Zahar, 1977), *Desvio e divergência* (Zahar, 1999, 7ª ed.) e *Mediação, cultura e política* (Aeroplano, 2001, com Karina Kuschnir).

JOAQUIM PAIS DE BRITO é doutor em Antropologia Social, professor do Departamento de Antropologia do Instituto Superior de Ciências do Trabalho e da Empresa (ISCTE-Lisboa) e director do Museu Nacional de Etnologia de Lisboa. Entre outros, publicou *Retrato de aldeia com espelho: ensaio sobre Rio de Onor* (Dom Quixote, Lisboa, 1996), foi um dos organizadores de *Lugares de aqui* (Dom Quixote, Lisboa, 1991) e o responsável pela exposição e publicação de *Fado: vozes e sombras* (Electa, Lisboa, 1994). É diretor da coleção Portugal de Perto: Biblioteca de Etnografia e Antropologia (Dom Quixote).

GRAÇA ÍNDIAS CORDEIRO é doutora em Antropologia Social pelo Instituto Superior de Ciências do Trabalho e da Empresa (ISCTE-Lisboa), professora do Departamento de Antropologia e investigadora do Centro de Estudos de Antropologia Social (CEAS) do mesmo Instituto. Publicou, entre outros, *Um lugar na cidade: quotidiano, memória e representação no bairro da Bica* (Dom Quixote, Lisboa, 1997) e organizou (com Aníbal Frias) o número temático *La ville sensible* (revista *Recherches d'Anthropologie au Portugal*, nº 7, 2001).

ANTÓNIO FIRMINO DA COSTA é doutor em Sociologia pelo Instituto Superior de Ciências do Trabalho e da Empresa (ISCTE-Lisboa), professor do Departamento de Sociologia e presidente do Centro de Investigação e Estudos de Sociologia (CIES) do mesmo Instituto. Durante anos director da revista *Sociologia: Problemas e Práticas*, publicou, entre outros livros, *O trágico e o contraste: o fado no bairro de Alfama*, com Maria das Dores Guerreiro (Dom Quixote, Lisboa, 1984), *Sociologia* (Quimera, Lisboa, 1992, 2001) e *Sociedade de bairro: dinâmicas sociais da identidade cultural* (Celta, Oeiras, 1999).

MYRIAM MORAES LINS DE BARROS é doutora em Antropologia Social pelo Museu Nacional da Universidade Federal do Rio de Janeiro (UFRJ) e professora adjunta da Escola de Serviço Social da Universidade Federal do Rio de Janeiro. Tem realizado pesquisa sobre velhice, memória e espaço urbano. Publicou, por esta editora, *Autoridade e afeto: avós, filhos e netos na família brasileira* (1987) e organizou *Velhice ou terceira idade?* (FGV, 1998).

CELSO CASTRO é doutor em Antropologia Social pelo Museu Nacional da Universidade Federal do Rio de Janeiro (UFRJ), pesquisador do Centro de Pesquisa e Documentação de História Contemporânea do Brasil (CPDoc) da Fundação Getulio Vargas e professor do Departamento de Sociologia e Política da PUC-Rio. Publicou, por esta editora, *O espírito militar* (1990), *Os militares e a República* (1995) e *A Proclamação da República* (2000). É diretor da coleção Descobrindo o Brasil (Zahar).

KARINA KUSCHNIR é doutora em Antropologia pelo Museu Nacional da Universidade Federal do Rio de Janeiro (UFRJ), professora do Departamento de Comunicação da Pontifícia Universidade Católica do Rio de Janeiro (PUC-Rio) e professora visitante do Departamento de Ciências Sociais da Universidade do Estado do Rio de Janeiro (UERJ). É autora de *O cotidiano da política* (Zahar, 2000), *Eleições e representação no Rio de Janeiro* (Relume-Dumará, 2000) e organizadora, com Gilberto Velho, de *Mediação, cultura e política* (Aeroplano, 2001).

MARIA LUIZA HEILBORN é doutora em Antropologia Social pelo Museu Nacional da Universidade Federal do Rio de Janeiro (UFRJ) e professora adjunta do Instituto de Medicina Social da Universidade do Estado do

Rio de Janeiro (UERJ). Foi co-organizadora da coleção Perspectivas Antropológicas da Mulher (Zahar, 1981-85) e é organizadora do livro *Sexualidade: o olhar das ciências sociais* (Zahar, 1999).

HERMANO VIANNA é doutor em Antropologia Social pelo Museu Nacional da Universidade Federal do Rio de Janeiro (UFRJ). Autor de *O mundo funk carioca* (Zahar, 1988), *O mistério do samba* (Zahar/UFRJ, 1995) e organizador de *Galeras cariocas* (UFRJ, 1997).

TERESA FRADIQUE é mestre em Antropologia Social pelo Instituto Superior de Ciências do Trabalho e da Empresa (ISCTE-Lisboa), coordenadora do Núcleo de Antropologia Visual do Centro de Estudos de Antropologia Social (CEAS) deste Instituto e professora de Antropologia e Sociologia na Escola Superior de Tecnologia, Gestão, Arte e Design das Caldas da Rainha (ESTGAD). Sua tese de mestrado sobre representações do rap em Portugal será publicada pela Dom Quixote, em 2002.